Vertragsrecht für jedermann

Ein rechtlicher Leitfaden für Unternehmer und Verbraucher

Mag. Michael Poduschka

VERLAG ÖSTERREICH

Wien 2012

Bibliografische Information der Deutschen Nationalbibliothek

Die Deutsche Nationalbibliothek
verzeichnet diese Publikation in der Deutschen Nationalbibliographie;
detaillierte bibliografische Daten sind im Internet über http://www.d-nb.de
abrufbar.

ISBN: 978-3-7046-5662-9

1010 Wien, Bäckerstraße 1
Tel. + 43-1-610 77-0, Fax + 43-1-610 77-502
e-mail: order@verlagoesterreich.at
Internet: www.verlagoesterreich.at
Satz: EXAKTA GmbH, Wien, www.exakta.at

Inhaltsverzeichnis

Vorwort

Jeder von uns hat Tag für Tag mit den unterschiedlichsten Formen von Verträgen zu tun, oftmals ist man sich dessen nicht einmal bewusst, wir nehmen die Verträge meist gar nicht als solche wahr. Oder denken Sie sich beim Kauf Ihrer Frühstückssemmel, dass Sie soeben einen Vertrag mit dem Bäcker eingegangen sind, der mit Rechten und Pflichten verbunden ist? Oder: Denken Sie darüber nach, welchen Vertrag Sie gerade mit der ÖBB abgeschlossen haben, wenn Sie sich eine Fahrkarte beim Automaten lösen? Grundelemente für das Zustandekommen und die Auflösung von Verträgen sollte jeder einmal gehört oder gelesen haben. Mit diesem Buch habe ich es mir zur Aufgabe gemacht, „Laien“ einen Überblick über und vor allem auch einen Einblick in das allgemeine Vertragsrecht zu geben. Sie werden nicht sehr viele Fachbegriffe finden, da es mir vor allem darum geht, verstanden zu werden.

Wien, im Mai 2012

Michael Poduschka

I. Wer ist wer?

... im Rechtsverkehr? Sie mögen sich vielleicht über diese Frage wundern und doch ist es, um Recht im Allgemeinen bzw. um das Vertragsrecht im Speziellen besser verstehen zu können, wichtig zu wissen, wer Sie im Wirr-Warr der vielen Rechtsgeschäfte überhaupt sind.

A. Natürliche Person

Wesentlich ist hier vor allem, dass Sie eine eigene Rechtspersönlichkeit sind. Diese Eigenschaft erlaubt es Ihnen erst, Verträge abzuschließen, wobei natürlich auch Sie als Person die entsprechenden Folgen, die der Vertrag mit sich bringt, alleine zu tragen haben.

Sie als Individuum und eigene Rechtsperson werden als „natürliche Person" bezeichnet.

B. Juristische Person

Von den natürlichen Personen unterscheiden sich die juristischen Personen. Eine juristische Person ist etwas, das zwar von einer natürlichen Person gesteuert, gelenkt und vertreten wird, aber die Folgen des Vertragsabschlusses selbst zu tragen hat. Die GmbH (Gesellschaft mit beschränkter Haftung) ist wohl das bekannteste

Beispiel für eine juristische Person. Sie kann aus einer Vertragsverbindlichkeit heraus klagen bzw. selbst geklagt werden.

Dahinter stehen aber immer die natürlichen Personen, welche für die juristische Person handeln.

Diejenige natürliche Person, die für die juristische Person handelt, ist aber strikt von derjenigen zu unterscheiden, die im Endeffekt hinter der juristischen Person steht. Oft sind die Eigentümer von juristischen Personen wiederum juristische Personen, ganz am Schluss steht jedoch (mit ganz wenigen Ausnahmen, zB Privatstiftung) immer eine natürliche Person.

C. Juristische Person des öffentlichen Rechts

Auch der Staat selbst tritt im Rechtsgeschäft als eigene Person auf. Da der Staat per se keine natürliche Person ist, gelten er und teilweise seine Einrichtungen als juristische Personen des öffentlichen Rechts.

II. Was ist überhaupt Recht?

„Ob gut, ob schlecht – das ganze Leben besteht aus Recht!“ Wie eingangs bereits erwähnt, ist das ganze Leben von „Recht“ durchdrungen und schließen Sie Tag für Tag mehrere Verträge ab, ohne dies vielleicht bewusst zu tun.

Diese Art von „Recht“ lässt sich – grob – in folgende Untergruppen einteilen und haben Sie von der einen oder anderen Kategorie bestimmt schon einmal etwas gehört oder gelesen:

- das subjektive Recht
- das objektive Recht

Unter dem subjektiven Recht versteht man das „Recht des Einzelnen“ und eben nicht die Rechtsordnung an sich. So hat zum Beispiel der Verkäufer ein Recht auf Bezahlung des Kaufpreises oder aber das unterhaltsberechtigte Kind hat Recht auf Auszahlung des Unterhaltes.

Wie das funktioniert, wird im Folgenden erklärt.

A. Recht haben und Recht bekommen – der feine Unterschied

Die meisten Leute glauben, dass sie vor Gericht einfach deshalb Recht bekommen werden, da sie „ja im Recht sind“! Diese subjektive Seite des Rechts, das „im Recht sein“, ist strikt vom Recht im objektiven Sinn zu trennen. Während das objektive Recht von den Gesetzgebungsorganen des jeweiligen Staates erschaffen wird (in Österreich Nationalrat und Landtage), kann jeder einzelne von uns jederzeit „Recht haben". Schon kleine Kinder streiten darum, wer „Recht hat", Erwachsene setzen dies – besonders in Beziehungen – gerne fort. Doch wenn es wirklich hart auf hart geht, wer entscheidet dann, wer Recht hat?

1. Wer bekommt Recht, wie funktioniert die Rechtsprechung?

Viele Menschen glauben, dass die Gerichte dafür da sind, festzustellen, wer „im Recht" ist. Da sich die meisten, die zu Gericht gehen, „im Recht" fühlen, können sie sich einen anderen Prozessausgang als den eigenen Sieg gar nicht vorstellen. Das Problem ist nur, dass die Gegenseite genauso denkt.

Das lateinische Zauberwort in diesem Zusammenhang heißt Subsumtion. Auf Deutsch stellt der Richter einen bestimmten Sachverhalt fest (wie hat sich das Ganze aus Sicht des Richters zugetragen) und sucht dann die Rechtsnorm im objektiven Recht, die ihm sagt, welche Rechtsfolge an diesen von ihm festgestellten Sachverhalt anknüpft.

Beispiel

So bestimmt das österreichische Strafgesetzbuch, dass derjenige, der einen anderen (vorsätzlich) tötet, mit einer Freiheitsstrafe von zehn bis zwanzig Jahren oder mit lebenslanger Freiheitsstrafe zu bestrafen ist. Zuerst muss der Richter feststellen, ob der Täter den Tod des Opfers herbeigeführt hat und ob dies vorsätzlich geschehen ist. Sodann nimmt er (natürlich nur bildlich gesprochen) das Strafgesetzbuch zur Hand und sieht nach, welche Strafe der Gesetzgeber dafür vorsieht.

Die Rechtsprechung funktioniert sohin in zwei Schritten: (1. Feststellung des Sachverhaltes, 2. Suche nach entsprechender Norm für diesen Sachverhalt).

Wenn Herr X nunmehr in die Rechtsprechung des Gerichtes eingreifen möchte, hat er zwei Möglichkeiten:

- Herr X beeinflusst durch sein Wahlverhalten die Zusammensetzung des Parlamentes (oder durch Zahlungen an Lobbyisten das Abstimmungsverhalten der Parlamentarier) und damit das objektive Recht;
- Er legt in einem Verfahren entsprechende Beweismittel vor, die es dem Richter erleichtern, seine subjektive Überzeugung dem für Herrn X „günstigeren Standpunkt" anzupassen.

Was wird leichter sein?

Zumeist verlaufen Verfahren so, dass der Kläger ganz genau zu wissen glaubt, wie sich die Sache zugetragen hat. Genauso geht es dem Beklagten, nur hat der eine diametral andere Sichtweise. Im Prozess versucht der Richter, sich eine eigene Sichtweise über das Geschehene zu verschaffen. Diese kann entweder die des Klägers, die des Beklagten oder überhaupt eine dritte Sichtweise sein. Das, was tatsächlich geschehen ist, kann jedoch etwas völlig anderes zB eine vierte Variante sein!

Da ist noch eine Besonderheit: Weil ein Richter oft nicht weiß, wem er glauben soll, gibt es Beweispflichtige (zumeist die Kläger). Wenn es den Beweispflichtigen nicht gelingt, etwas Bestimmtes zu beweisen, fällt ihnen dies „auf den Kopf", sie verlieren den Prozess.

Beispiel

Zwei Skifahrer stoßen auf der Piste zusammen, einer bleibt verletzt liegen. Der Verletzte muss nunmehr dem anderen beweisen, dass dieser etwas falsch gemacht, gegen Pistenregeln verstoßen hat. Gelingt ihm dies nicht, weil der Richter feststellt, er wisse nicht, wer schuld sei, bekommt der Verletzte kein Schmerzengeld, keinen Verdienstentgang, …

2. Beweismittel erschaffen „die Wahrheit"

Viele Leute ziehen vor Gericht, weil sie davon ausgehen, dass der Richter die Wahrheit schon finden wird. Sie übersehen, dass der Richter die Wahrheit nicht findet, sondern eine neue Wahrheit schafft. Auch ein Richter ist nicht allwissend, er kann sich lediglich aufgrund der vorgelegten Beweismittel sein Bild zurechtzimmern, das dem Bild des Klägers entsprechen kann oder auch nicht.

Aus welchen Bestandteilen zimmert sich der Richter das Bild jedoch zurecht? Eben aus den Beweismitteln. Mit anderen Worten heißt dies, je besser die Beweismittel, desto größer ihr Einfluss auf das Bild, das sich der Richter macht. Welche Beweise er wie würdigt, bleibt aber dem Richter überlassen (freie Beweiswürdigung).

Welche Beweismittel gibt es nun (ohne Anspruch auf Vollständigkeit)?

a. Der Vertrag

Der Vertrag ist in der Regel das „beste Beweismittel". Er wurde von beiden Parteien unterschrieben, beide Parteien wollten es so. Natürlich kann man auch bei einem Vertrag darüber diskutieren, wie dieser auszulegen oder zu interpretieren ist (siehe dazu Vertragsauslegung Kapitel V B). Im Prozess hat der Richter jedoch zumindest einmal einen konkreten Ansatzpunkt.

b. Einseitig erstellte Schriftstücke

Diese haben naturgemäß nicht denselben Beweiswert wie auch von der Gegenseite unterschriebene. Es handelt sich hierbei um Aktenvermerke oder auch einseitig erstellte Gesprächszusammenfassungen, die zB nach dem Gespräch dem Gegenüber per Mail übermittelt werden.

Hierbei muss ich natürlich zuerst einmal beweisen, dass das Gegenüber das Mail bzw. den Brief erhalten hat (siehe dazu Zugang Kapitel II A 3), andererseits besteht in der Regel im Rechtsverkehr keine Verpflichtung, irgendetwas zu beantworten (Grundregel: Stillschweigen ist keine Zustimmung!).

In einem Prozess wird der Richter jedoch sicher genau hinterfragen, wieso jemand, der eine Gesprächszusammenfassung zugesandt erhält, nicht gleich übers Telefon oder per E-Mail „laut aufschreit", wenn diese Gesprächszusammenfassung etwas Anderes widergibt, als das, an das er sich selbst erinnert.

Während man jedoch für die Erstellung von (schriftlichen) Verträgen immer jemand Zweiten benötigt, der den Vertrag auch unterschreibt, kann man einen Aktenvermerk jederzeit und unabhängig von anderen erstellen. Dieser Aktenvermerk kann Jahre später nicht nur die Position eines Unternehmens in einem Rechtsstreit mit einem Vertragspartner eindeutig verbessern, sondern kann auch die Position des Arbeitnehmers gegenüber der eigenen Geschäftsleitung absichern. Besonders im Zusammenhang mit dem im nächsten Punkt behandelten Zeugenbeweis erhält dieser „Beweis“ eine noch größere Bedeutung.

c. Der Zeuge

Eine Schnellumfrage in der Bevölkerung ergibt, dass der „Zeugenbeweis“ oft als das wichtigste Beweismittel angesehen wird. In der Praxis ist es jedoch oft anders. Während sich ein Zeuge zB an einen spektakulären Mordversuch auch noch lange nachher genau erinnern kann, handelt es sich bei Streitigkeiten aus Verträgen zumeist um unspektakuläre Tatsachen.

Wenn nunmehr ein Zeuge realistischer Weise zwei bis drei Jahre nach dem Vorfall vom Richter einvernommen wird, an welche Gespräche er sich im Zusammenhang mit einem bestimmten Vertragsabschluss oder zB einer Mängelrüge noch erinnern kann, gibt es in der Regel zwei mögliche Antworten:

- Der Zeuge sagt wahrheitsgemäß aus, er weiß nicht mehr genau, was damals besprochen wurde;
- Der Zeuge sagt aus, dass er sich noch auf Punkt und Beistrich erinnern kann, was jeder der Beteiligten gesagt hat, nämlich wortwörtlich genau das, was der Rechtsanwalt im Schriftsatz vorgebracht hat;

Bei Variante 1 passiert nicht viel, der Richter wird den Rechtsanwalt höchstens fragen, warum er den Zeugen überhaupt beantragt hat.

Bei Variante 2 wird der Richter in der Regel sauer und dem Zeugen vorwerfen, dass er nicht glaubt, dass er das noch so genau weiß.

In diesem Zusammenhang ist auch noch auf einen großen Unterschied zwischen der Zeugeneinvernahme und der Parteieneinvernahme (siehe unten) hinzuweisen: Der Zeuge muss die Wahrheit sagen, sonst macht er sich strafbar! Genauer gesagt ist es so, dass ein Zeuge nicht bewusst (= vorsätzlich) die Unwahrheit sagen darf, da die Wahrheit – auch vor Gericht – keiner kennt. Ein Zeuge macht sich daher strafbar, wenn er etwas aussagt, obwohl er weiß, dass das falsch ist und man ihm das nachweisen kann.

Wie kann daher die Glaubwürdigkeit eines Zeugen erhöht werden?

Ganz einfach dadurch, dass der Zeuge ausführt, dass er sich an die Vorfälle vor einigen Jahren nicht mehr genau erinnern kann, gleich nach dem Vorfall hat er jedoch einen Aktenvermerk angefertigt, den er gerne vor Gericht vorlesen kann.

Damit haben wir jetzt ein sehr starkes Beweismittel durch die Kombination des Zeugenbeweises und der einseitig erstellten Urkunde. Während ein Aktenvermerk von unbekannter Hand wertlos ist und ein Zeuge alleine in der Regel auch nicht von großer Bedeutung ist, erhalten wir durch die Kombination dieser beiden Beweismittel eine starke Beweiskraft.

d. Parteieneinvernahme

Unter Parteieneinvernahme versteht man die Einvernahme des Klägers oder des Beklagten bzw., wenn es sich hierbei um eine juristische Person handelt, die Einvernahme der Organe (Geschäftsführer, Vorstand, ...) dieser juristischen Personen.

Der große Unterschied zum Zeugen ist jener, dass eine Partei im Gegensatz zum Zeugen im eigenen Prozess grundsätzlich nicht zur Wahrheit verpflichtet ist (abgesehen von Ausnahmefällen wie Vereidigung oder Prozessbetrug).

Das kann in einem Prozess für Angestellte zu heiklen Situationen führen, wenn der Chef als Partei und die Sekretärin als Zeugin aussagen. Wenn der Chef (nicht unter Wahrheitspflicht) eine Situation in einer bestimmten Art und Weise schildert und die Sekretärin in weiterer Folge befragt wird, ob dies tatsächlich so war, kann dies zu Konflikten zwischen Strafbarkeit und Loyalität zum Arbeitgeber bei der Sekretärin führen.

e. Der Sachverständigenbeweis

Wenn die Sachkunde eines Richters nicht ausreicht, um selbst zu beurteilen, wie der Sachverhalt gewesen sein könnte, holt er sich einen Sachverständigen zu Hilfe.

Zumeist wird ein Sachverständiger von einer der beiden Parteien beantragt. Die Rechtsfrage muss (sollte) der Richter jedoch dennoch selbst lösen. Der Sachverständige soll ihm lediglich behilflich sein, den Sachverhalt festzustellen.

f. Die Tonbandaufnahme

Die Tonbandaufnahme ist dazu da, um zu beweisen, dass ein Gespräch auf eine bestimmte Art und Weise abgelaufen ist. Neben der Möglichkeit, eine Tonbandaufnahme technisch zu verfälschen, ist auch folgendes zu beachten:

Wenn Sie jemanden ohne sein Wissen aufnehmen, dürfen Sie diese Aufnahme nicht jemand anderem vorspielen, der bei diesem Gespräch nicht anwesend war (außer der Gesprächspartner stimmt zu). Wenn es ein Vier-Augen-Gespräch war, dürfen Sie die Tonbandaufnahme daher nur sich selbst vorspielen. Ansonsten machen Sie sich strafbar.

Die eingeschränkte Beweisverwertungsmöglichkeit können Sie jedoch dadurch umgehen, dass Sie sich das Tonband selbst vorspielen und ein wortwörtliches Protokoll abtippen. Dieses können Sie dann vor Gericht vorlegen. Wenn der Gesprächspartner behauptet, das Gespräch wäre nicht in der im Protokoll dargelegten Art und Weise abgelaufen, können Sie ihn ja direkt fragen, ob er einverstanden ist, dass die Tonbandaufnahme abgespielt wird. Wenn er dies verneint, wird dies der Richter in freier Beweiswürdigung entsprechend würdigen, er wird in der Regel Ihrem Protokoll glauben.

3. Der Nachweis des Zuganges eines Briefes/eines Faxes/ eines Mails

In Prozessen wird oft darüber gestritten, ob ein bestimmtes Schriftstück oder ein Mail einer anderen Person zugegangen ist, konkret gesagt, ob sie dieses erhalten hat.

Wie weiter oben schon erwähnt, muss, derjenige, der beweisen will, dass er den anderen informiert hat, beweisen, dass diese Information zugegangen ist. Wie aber kann er das machen?

Die beste Möglichkeit in Österreich ist und bleibt der eingeschriebene Brief. Dies deshalb, da der Gesetzgeber im sogenannten Zustellgesetz genau geregelt hat, wann eine eingeschriebene Postsendung als zugegangen gilt und wann nicht. „Als zugegangen gilt" bedeutet zwar nicht, dass ein Brief oder das Paket tatsächlich zugegangen sind, unter bestimmten Umständen kann sich der Empfänger jedoch nicht mehr darauf berufen, dass er hievon nichts erfahren hat. Wenn man daher jemandem an seinen Wohnsitz oder seine Arbeitsstätte etwas eingeschrieben schickt, gilt die eingeschriebene Sendung auch dann als zugegangen, wenn dies ein Arbeitskollege oder der Ehegatte in Empfang nimmt. Wenn dies nicht gelten würde, könnten sowohl Privatpersonen als auch Behörden nur durch Boten und persönliche Übergabe etwas nachweislich zustellen, dies ist – zumindest in Österreich – nicht notwendig.

Was ist jedoch mit einem normalen nicht eingeschriebenen Brief, einem Fax oder einem E-Mail? Was genau muss ich bei diesen Informationsübermittlungen als Absender beweisen?

Es bleibt dabei: Ich muss nicht nur die Absendung sondern auch den Zugang beim Empfänger beweisen. Konkret muss die Information in den Empfangsbereich des Empfängers gelangt sein.

Mit anderen Worten reicht es bei einem normalen Brief nicht, zu beweisen, dass diesen die Sekretärin zur Post gebracht hat, bei einem Fax reicht der Sendebericht nicht aus und bei einem E-Mail reicht es nicht aus, dass ich nachweise, dass mein E-Mail am Server des Empfängers eingelangt ist. Bei einem Mail muss ich nachweisen, dass das von mir versandte Mail abrufbereit dem Empfänger zur Verfügung stand. Dieser Beweis wird mir bei einem Mail nur sehr schwer gelingen, selbst bei Einsatz elektronischer Signatur habe ich keinen Zugangsbeweis.

Was kann ich in diesem Fall machen? Ich kann den Empfänger bitten, mir den Empfang des E-Mails mit einer kurzen, individuell erstellten Rückantwort zu bestätigen (zum Beispiel: „Mail erhalten, Danke!"). Gegenüber automatisierten „Leseberichten" ist die

Rechtsprechung skeptisch, da man sich solche technisch relativ leicht selbst erstellen kann. Wenn eine solche individuelle Rückantwort nicht kommt, muss man nachtelefonieren und um eine solche ersuchen. Wenn dies auch nichts hilft, ist tatsächlich ein eingeschriebener Brief abzusenden.

B. Das „objektive" Recht

Der Gesetzgeber – somit das Parlament – gibt vor, welche Rechtsfolgen an bestimmte tatsächliche Gegebenheiten geknüpft sind. Es wird somit das „tatsächlich Geschehene" mit den bestehenden Gesetzen (Rechtsnormen) verglichen und daraus leitet sich die Rechtsfolge ab.

1. Einteilung

Das objektive Recht kann man grob wie folgt einteilen:

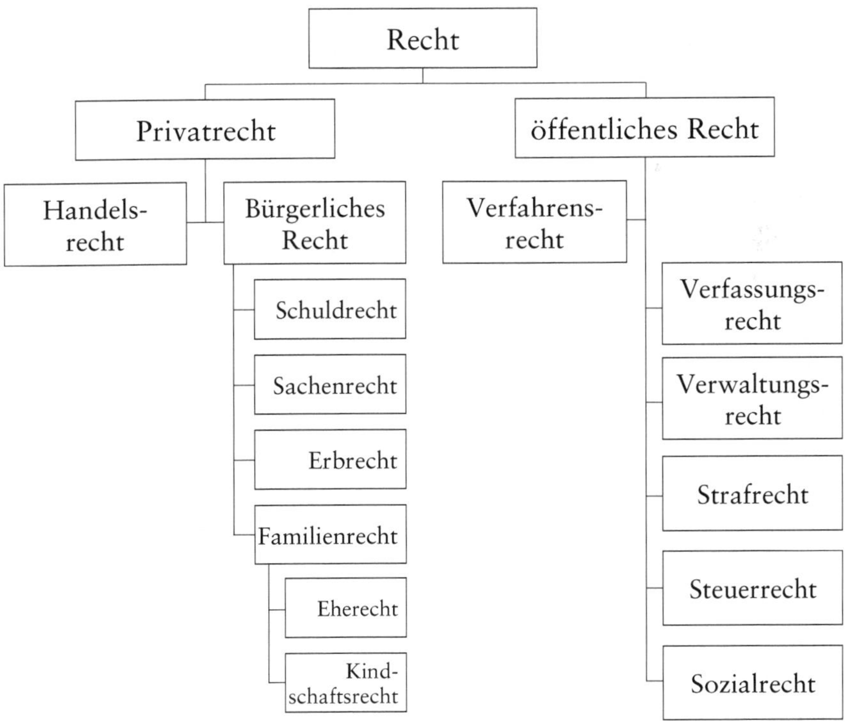

2. Wie kommt es dazu?

Das objektive Recht wird vom Gesetzgeber geschaffen. Es handelt sich um Verfassungsgesetze oder einfache Gesetze. Wesentlich ist jedoch, dass der Gesetzgeber die Norm geschaffen hat, die dann in den Gesetzesblättern niedergeschrieben wird.

Der Zweck des objektiven Rechtes ist es, eine Ordnung zu schaffen, in welcher die Beziehungen zwischen den Individuen geregelt sind. Das Recht gibt somit etwas vor, das der Einzelne zu beachten und einzuhalten hat. Moral und Sitte haben mit diesen Schranken bzw. Rechten nur wenig gemein. Unter Sitte versteht man allgemein geübte Verhaltensweisen. „Das was halt alle machen, weil es sich einfach gehört." Die Moral hängt mit dem eigenen Gewissen zusammen.

Natürlich sollen Sitte und Moral – grundsätzlich – in das Recht einfließen, da dieses ja nicht sittenwidrig oder auch unmoralisch sein soll. Beide Begrifflichkeiten setzen sich jedoch nur in den Randbereichen des Rechts durch.

Wenn zum Beispiel zwei Unternehmer ausmachen, dass bei einer neuen Ware auf jegliche Gewährleistungsansprüche verzichtet wird, ist dies sittenwidrig. Eine solche Regelung benachteiligt den einen so stark, dass sich so etwas einfach nicht gehört.

C. Einteilung der Schuldverhältnisse

Natürliche Personen oder Unternehmen können verpflichtet sein, einer anderen Rechtsperson Leistungen – zumeist Geldleistungen – zu erbringen und beruht diese Verpflichtung auf einem sogenannten Schuldverhältnis. Das Schuldverhältnis klärt, warum jemand einem anderen was wann zahlen (leisten) muss.

Um also von einem anderen etwas verlangen zu können – sohin sein subjektives Recht durchzusetzen – bedarf es eines Anspruchs.

1. Der Anspruch gründet sich unmittelbar auf ein Gesetz

Aufgrund gesetzlicher Bestimmungen sind Rechtspersonen verpflichtet, bestimmte Leistungen zu erbringen.

Beispiele dafür sind der Unterhaltsanspruch, der Pflichtteilsanspruch der gesetzlichen Erben wie der Anspruch aufgrund ungerechtfertigte Bereicherung. Die ungerechtfertigte Bereicherung ist oft die letzte „Notleine", die man dann ziehen kann, wenn sich ein Vertrag als „vermeintlich" entpuppt oder aber jemand Leistungen erbracht hat, bevor die Verhandlungen beendet bzw. überhaupt ein Vertrag geschlossen wurde.

Jemand kommt zum Beispiel mit einem Auto in eine Werkstätte und beauftragt diese, neue Bremsbeläge einzubauen (obwohl es die alten auch noch getan hätten). Im Nachhinein stellt sich heraus, dass der Auftraggeber nicht der Eigentümer des Fahrzeuges ist und überdies pleite. Was kann die Werkstätte vom Fahrzeugeigentümer verlangen? Nur das, um was der Autobesitzer tatsächlich bereichert ist – und das kann wenig sein.

2. Der Anspruch gründet sich auf eine unerlaubte Handlung

Hier sprechen wir vom weiten Bereich des Schadenersatzes. Jemand ist deshalb verpflichtet, einem anderen etwas zu leisten, weil er zum Beispiel ein Schutzgesetz verletzt hat.

Auf den ersten Blick klingt dies zwar relativ kompliziert, ist es in Wahrheit jedoch überhaupt nicht. Verursacht jemand einen Verkehrsunfall, dann handelt er rechtswidrig, wenn er ein Schutzgesetz verletzt. Hierbei bildet jede Geschwindigkeitsbegrenzung, jedes Fahrverbot, jedes Überholverbot, etc. ein solches Schutzgesetz. Handelt man einer dieser Normen zuwider, führt dieses Verhalten zu einer unerlaubten Handlung.

Eine Handlung kann jedoch auch dann unerlaubt sein, wenn diese in die absoluten Rechtsgüter (z.B. das Eigentum) eingreift oder gegen einen bestehenden Vertrag verstößt.

Natürlich verpflichtet nicht jede unerlaubte Handlung auch zu einer Leistung. Dem vermeintlich Geschädigten muss tatsächlich ein Schaden entstanden sein und muss man dem Schädiger sein Verhalten auch persönlich vorwerfen können. Man spricht hier vom „Verschulden".

Das Verschulden selbst reicht von leichter Fahrlässigkeit über grobe Fahrlässigkeit bis zum Vorsatz und ist es möglich, die zu bezahlende Geldsumme vom Vorsatzgrad abhängig zu machen. Somit ist bei leichter Fahrlässigkeit oft weniger zu bezahlen, als bei konkretem Vorsatz.

War die unerlaubte Handlung nicht ursächlich für den eingetretenen Schaden, entfällt ebenso die Leistungspflicht. Konkret fragt man also, ob der Schaden auch passiert wäre, wenn man sich das Verhalten des Schädigers wegdenkt.

3. Anspruch aufgrund eines Rechtsgeschäftes

An diesem Punkt sind wir beim Hauptthema des Buches angelangt. In Österreich gilt grundsätzlich das Prinzip der Privatautonomie. Es kann somit jeder seine Rechtsbeziehungen zu anderen gestalten wie er möchte. Daraus lassen sich auch einklagbare Ansprüche ableiten. Diese eingeräumte Vertragsfreiheit zeigt sich in drei verschiedenen Formen:

a. Abschlussfreiheit

Jedermann kann mit jedermann Verträge abschließen oder auch nicht. Es kann niemand gezwungen werden, Verträge abzuschließen. Eine entsprechende Einschränkung besteht nur bei bestimmten Versorgungsunternehmen wie Netzbetreibern des Gas- oder Stromnetzes oder aber bei Bereitstellern öffentlicher Verkehrsmittel, etc. Aufgrund deren Monopolstellung am Markt sind diese Unternehmen verpflichtet und angewiesen, Kunden nicht abzulehnen.

Mitunter kommt es in Österreich vor, dass sich ein Verkäufer weigert, die der Allgemeinheit angepriesene Ware auch zu verkaufen. Entgegen einer oft anzutreffenden Meinung ist jedoch auch der Verkäufer nicht verpflichtet, mit dem konkreten Käufer einen entsprechenden Vertrag abzuschließen. Wenn er nicht verkaufen will – muss er auch nicht.

b. Formfreiheit

Immer wieder kommt es vor, dass das Vorliegen eines Vertrages verneint wird, da ja „bestimmte Formvorschriften“ nicht eingehalten wurden. Formvorschriften sind jedoch in Österreich die

Ausnahme. Grundsätzlich bedarf es bei Verträgen nicht einmal der Schriftform. Natürlich ist die Schriftlichkeit eines Vertrages ratsam, bindend sind aber jedenfalls in der Regel auch mündliche Vereinbarungen. Bei Verträgen von größerer Bedeutung ist ein schriftlicher Vertrag jedenfalls vorteilhaft.

Der Gesetzgeber hat lediglich für bestimmte Vertragstypen – zum Schutz der Bevölkerung – gewisse Formvorschriften vorgeschrieben. Diese können vom Gebot der reinen Schriftform (zB Übernahme einer Bürgschaft), dem Erfordernis einer von einem Notar beglaubigten Unterschrift (zB Liegenschaftskauf) bis zum strengsten Formerfordernis, dem Notariatsakt (zB bei Errichtung einer Gesellschaft mit beschränkter Haftung) gehen.

c. Gestaltungsfreiheit

Den Vertragspartnern steht es auch frei, ihre Verträge inhaltlich so zu gestalten, wie sie es für richtig befinden. Der Gesetzgeber hat nur dort Grenzen gezogen, wo er Schwächere vor Übervorteilung schützen möchte. In diesem Zusammenhang sind vor allem das Konsumentenschutzgesetz, das Mietrechtsgesetz oder aber auch das weite Gebiet des Arbeitsrechtes zu nennen.

So hat ein Angestellter jedenfalls Anspruch auf das kollektivvertraglich festgelegte Mindestgehalt, auch wenn man nur 1,– Euro Lohn pro Stunde vereinbart. Oder aber steht einem Konsumenten jedenfalls eine Gewährleistungsfrist von 2 Jahren beim Kauf einer Ware zur Verfügung, selbst wenn ein Unternehmer mit ihm vertraglich schriftlich vereinbart, dass die Gewährleistungsfrist lediglich 6 Monate beträgt.

Eine weitere Grenze in diesem Bereich stellt die Sittenwidrigkeit dar. Bestimmte Verträge sind dann nicht einklagbar, wenn sie entweder vom Gesetzgeber ausdrücklich als sittenwidrig angesehen werden oder ganz allgemein dem „Rechtsgefühl aller billig und gerecht denkenden Menschen“ widersprechen. So gilt in Österreich zum Beispiel ein Vertrag mit einer Prostituierten als sittenwidrig. Diese kann ihren Lohn nicht einklagen.

III. Das Mahnverfahren

Immer öfter werden wir in der Praxis mit der Tatsache konfrontiert, dass Menschen aus unterschiedlichsten Schichten, Branchen, beruflichen Ebenen etc. nicht wissen, was sie bei Erhalt eines bedingten Zahlungsbefehles zu tun haben.

Der bedingte Zahlungsbefehl ist eine der „gefährlichsten Waffen“ in Österreich. Aufgrund der herrschenden Privatautonomie ist es möglich, dass jeder jeden klagt. A kann, ohne B zu kennen, auf Zahlung klagen. Dies wird mittels Mahnklage gemacht.

Das Gericht überprüft vorab nicht, ob die Klage auch tatsächlich begründet ist. Sofern der Streitwert und irgendein Grund (kann frei gewählt werden, z.B. Werkvertrag) angegeben sind, wird der Zahlungsbefehl erlassen. Der zuständige Rechtspfleger hat nicht die Aufgabe zu hinterfragen, ob tatsächlich ein Vertrag vorliegt.

Wird nun infolge der Mahnklage ein bedingter Zahlungsbefehl erlassen und Sie bekommen einen solchen zugestellt, haben Sie 4 Wochen Zeit, einen Einspruch zu erheben. Sollten Sie diese Frist verabsäumen – aus welchen Gründen auch immer –, ist der Zahlungsbefehl rechtskräftig und somit auch vollstreckbar.

Beispiel

A und B kennen sich nicht. A klagt B auf Zahlung von € 4.000,– Schmerzengeld für einen „Faustschlag“. Die Klage wird zugestellt. B wirft den Zahlungsbefehl weg, da ihm A gänzlich unbekannt ist und er sich nicht angesprochen fühlt.

Nach 4 Wochen wird der Zahlungsbefehl jedoch rechtskräftig. A kann von B – obwohl sie sich nicht kennen – berechtigterweise € 4.000,– verlangen und Exekution führen. B erfährt dies alles vom Exekutor, als dieser seine Möbel pfändet.

Was ist, wenn die Klage nicht übernommen sondern nur hinterlegt wird? Achtung! In diesem Fall gilt die Klage ab dem ersten Tag der Hinterlegung als zugestellt.

Erhebt man rechtzeitig Einspruch, wird das Verfahren erst wirklich eingeleitet. Das heißt, dass sich erst ab diesem Zeitpunkt der Richter mit dem Fall beschäftigt und dieser auch einen Termin für eine Verhandlung ausschreibt.

In diesem Verfahren muss der Kläger dann beweisen, dass er tatsächlich einen gültigen Anspruch hat. Wenn Sie sich nicht kennen, wird ihm das auch nicht gelingen, die Klage wird abgewiesen.

Die meisten Verfahren enden aber früher oder später durch einen Vergleich. Die Streitparteien einigen sich vor dem Richter, ohne dass es tatsächlich zu einem Urteil kommt. Vergleiche haben den Vorteil, dass sie eine kostengünstige und rasche Variante darstellen, um einen Rechtsstreit zu beenden. Ein Rechtsmittel ist jedoch im Falle einer vergleichsweisen Bereinigung nicht möglich.

Beachten Sie, dass in der Regel ab einem Betrag von € 5.000,– absolute Anwaltspflicht besteht. Sie müssen dann von einem Anwalt vor Gericht vertreten werden.

IV. Wo soll ich nachschauen?

Selbst erfahrene Juristen oder Anwälte müssen nachsehen, um sich die notwendigen Informationen zu beschaffen. Für Sie ist wichtig, wann und wo.

Früher war es so, dass jemand etwas gegolten hat, der etwas Besonderes konnte (zB. Handwerker). Später änderte sich diese Einstellung, sodass derjenige etwas galt, der etwas wusste. Heute scheint es so, dass nur diejenigen etwas gelten, die jemanden kennen, der etwas weiß. Die Rede ist vom Netzwerken.

Scheuen Sie nicht die Kontaktaufnahme zu Ihren Anwälten, Notaren, Steuerberatern und zu den entsprechenden Organisationen (Sprechtage bei Gericht, Rechtsanwaltskammer, Arbeiterkammer, Wirtschaftskammer). Die Zusammenarbeit funktioniert meist unkompliziert, ist zeitsparend und kostenschonend.

Aber es schadet nicht, entsprechendes Nachschlagewerk und entsprechende Lektüre griffbereit zu haben. Grundsätzlich ist es sehr schwer zu beurteilen, welche Gesetzestexte gerade Sie „auf Ihrem Schreibtisch" haben sollten. Jedes Jahr werden wir wieder von einer Gesetzesflut überrollt, alleine die ausgedruckten neuen Bundesgesetzblätter sind jährlich einige Meter hoch.

Aufgrund der Digitalisierung sämtlicher Gesetzestexte ist es natürlich nicht mehr notwendig, schwere Bücher im Büro zu verstauen. Aus eigener Erfahrung dürfen wir Ihnen hier mitteilen, dass sich deren Aktualität eher in Grenzen hält. In Zeiten sich ständig ändernder Gesetzesbestimmungen ist es oft schon schwer genug, den per heutigem Datum gültigen Gesetzestext zu eruieren. Das Bundeskanzleramt bietet unter **www.ris.bka.gv.at** Hilfestellung. Hier können Sie nicht nur sämtliche Bundesgesetze, sondern auch Landesgesetze am neuesten Stand abfragen. Zusätzlich finden Sie auf dieser Seite auch Entscheidungen der Höchst- bzw. mancher Berufungsgerichte.

Um die notwendigen Recherchen jedoch zu vereinfachen, bieten manche Unternehmen spezielle Services an. Diese filtern in gewisser Art und Weise vor. Konkret heißt das, dass sie Juristen beschäftigen und diese suchen vorab die tatsächlich wichtigsten Begriffe aus der jeweiligen Entscheidung und aus dem jeweiligen Aufsatz heraus (5–15 Begriffe). Wenn diese Systeme dann eine Entscheidung „ausspucken", ist relativ sicher, dass zumindest dieser Begriff eine gewisse Relevanz in der angegebenen Entscheidung hat. Beispiele für Online Suchprogramme sind die Rechtsdatenbank (RDB) und die Datenbank von LexisNexis.

Viel wichtiger als die Gesetzestexte sind jedoch rechtliche Nachschlagewerke. Dies deshalb, da die Gesetzestexte oft schwer zu lesen und zu verstehen sind und in den Nachschlagewerken unter Bezugnahme auf die jeweiligen Gesetzesstellen die juristischen Tatbestände genauer erklärt werden. Neben den klassischen Studienbüchern gibt es jetzt im Mietrecht und im Insolvenzrecht diverse Lose-Blatt-Sammlungen. Lose-Blatt-Sammlungen haben den Vorteil, dass sie immer auf dem neuesten Stand sind, da es laufend Nachlieferungen gibt.

V. Der Vertragsabschluss

Nachdem die Grundfragen des „Rechts“ nun erläutert wurden und Ihnen nunmehr das Wesen desselben etwas verständlicher sein sollte, stürzen wir uns in die Hauptmaterie.

Der Hauptwesenszug des Vertrages – die Vertragsfreiheit – wurden bereits thematisiert.

„Jedermann schließt Tag für Tag mehrere Verträge ab.“ Diesen Satz haben Sie in diesem Buch bereits zu Beginn gelesen. Womöglich zweifeln Sie bis jetzt an dieser Aussage oder sind sich bereits bewusst, dass etwas Wahres daran ist. Viele Verträge werden einfach abgeschlossen, ohne sich Gedanken zu machen und oftmals ohne zu wissen, dass man gerade einen Vertrag abschließt.

A. Wie kommt ein Vertrag grundsätzlich zu Stande?

„§ 861 ABGB

Wer sich erklärt, dass er jemandem sein Recht übertragen, das heißt, dass er ihm etwas gestatten, etwas geben, dass er für ihn etwas tun, oder seinetwegen etwas unterlassen wolle, macht ein Versprechen; nimmt aber der andere das Versprechen gültig an, so kommt durch den übereinstimmenden Willen beider Teile ein Vertrag zustande. Solange die Unterhandlungen dauern, und das Versprechen noch nicht gemacht, oder weder zum Voraus, noch nachher angenommen ist, entsteht kein Vertrag.“

Ein Vertrag kommt somit – entsprechend der gesetzlichen Regelungen – durch die übereinstimmende Willenserklärung (mindestens) zweier Personen zustande. Die wesentlichen Teile, die dieser übereinstimmenden Willenserklärung zu Grunde liegen, nennen wir Angebot und Annahme. Der Vertragsschluss basiert also ausschließlich auf diesen beiden.

Jemand unterbreitet einem anderen ein Angebot und der andere hat die freie Wahl, dieses anzunehmen oder auch abzulehnen. Das Angebot muss jedoch bestimmte Voraussetzungen erfüllen, um auch als solches zu gelten. Es ist dann zur Annahme geeignet, wenn es ausreichend bestimmt ist (der andere muss nur mehr ja oder nein dazu sagen), wenn ein Bindungswille vorliegt (dies ist nicht so, wenn jemand bloß zu Verhandlungen einlädt oder Vorschläge unterbreitet, die erst zu diskutieren sind), wenn es dem anderen auch zugegangen ist (der andere muss Kenntnis vom Angebot erlangen können) und wenn es nicht rechtzeitig widerrufen wurde.

Beispiel „Schaufenster“

Stellen Sie sich vor, Sie gehen an einem Schaufenster vorbei und sehen etwa Schuhe, welche Ihnen besonders gut gefallen. Sie betreten daraufhin das Geschäft, um dieses Paar auch käuflich zu erwerben. Konkret treten Sie an einen Verkäufer heran und machen ihn auf Ihre Kaufabsicht aufmerksam. Der Verkäufer verneint und macht Ihnen klar, dass er Ihnen die Schuhe nicht verkaufen will bzw. kann. Daraufhin verweisen Sie jedoch auf das ausgestellte Paar im Schaufenster und konfrontieren den Verkäufer mit Ihrem neuen Wissen über Angebot und Annahme. Die Ware ist mit Preis ausgeschildert und somit ausreichend bestimmt, es ist Ihnen – weil ja im Schaufenster – zugegangen und haben Sie auch nicht widerrufen. Nichtsdestotrotz verweigert der Verkäufer das Geschäft.

Es liegt hier tatsächlich durch das Präsentieren der Ware im Schaufenster kein Angebot vor. Vielmehr spricht man beim Schaufenster von einer Einladung an den Käufer, dem Verkäufer ein Angebot über den Kauf zu unterbreiten. Das bedeutet, dass Sie dem Verkäufer anbieten, die Schuhe um den angegebenen Preis zu kaufen und er daraufhin annehmen kann oder auch nicht.

Es kann sich schon deshalb nicht um ein Angebot handeln, da es dem Verkäufer am Bindungswillen fehlt. Keinesfalls kann ihm unterstellt werden, die Schuhe an jeden Passanten verkaufen zu wollen. Er müsste sodann nämlich gewährleisten, genügend Paare auf Lager zu haben und ist dies absolut unmöglich.

Das Angebot wird erst dann wirksam, wenn es dem anderen auch zugegangen ist. Der Zugang erfolgt zu dem Zeitpunkt, in dem der andere auch tatsächlich Kenntnis vom Offert erlangen kann (zB wenn der Brief zugestellt wurde). Ab diesem Zeitpunkt ist der Anbietende auch an sein Angebot gebunden. Durch die Formulierungen „freibleibend“, „ohne Obligo“ oder „unverbindlich“ kann der Anbotsteller sein Angebot jedoch wieder rückgängig machen. Dies jedoch nur so lange, solange es nicht durch den anderen schon angenommen wurde.

Wie im obigen Beispiel bereits angeführt, ist die Bindungswirkung des Angebotes allerdings begrenzt. Daher sind mündliche Angebote sofort und schriftliche Angebote innerhalb einer angemessenen Frist anzunehmen.

Das Zustandekommen eines Vertrages setzt somit eine echte Übereinstimmung von Angebot und Annahme voraus. Man spricht auch vom Konsens. Liegt kein Konsens vor, spricht man von einem Dissens und es kommt kein Vertrag zustande. Der Fall, dass kein Vertrag zustande kommt, obwohl beide Parteien glauben, es wäre so, ist gar nicht so selten. So schickt zB ein Teil einen unterschriebenen Vertrag an die Gegenseite. Diese schreibt ein paar Sätze dazu und streicht einige andere Passagen weg. Der Vertrag wird dann unterschrieben und wieder an die erste Partei zurückgesandt. In Wirklichkeit ist wahrscheinlich kein Vertrag zustande gekommen und liegt hier Dissens vor.

Wenn das, was die Parteien gemeint haben könnten, auch durch Vertragsauslegung nicht zu ermitteln ist, ist das Rechtsgeschäft nie zustande gekommen.

B. Vertragsauslegung

Jeder von uns hat bereits selbst erlebt, dass man bei nach Abschluss eines Geschäftes oder nach einer Vereinbarung nicht mehr so genau wusste, was der andere genau meinte und wie der Vertrag nun schlussendlich zu verstehen ist. Was gilt nun?

Wortsinn

Als erster Schritt ist zunächst vom Wortsinn in seiner gewöhnlichen Bedeutung auszugehen. Man nimmt die jeweilige – unklare – Klausel und versucht, deren Aussage aufgrund der Wortbedeutung herauszufiltern. Dies wird dann schwierig, wenn Doppeldeutigkeiten auftauchen oder kein Wortsinn zu ermitteln ist.

Parteiwille

Die Vertragsauslegung darf sich daher nicht ausschließlich auf den Wortlaut konzentrieren und bedarf es – bei undeutlichem Wortsinn – in weiterer Folge auch der der Ermittlung dessen, was die Parteien eigentlich wollten. In einem zweiten Schritt ist der Wille der Parteien zu erforschen.

Dies gestaltet sich oft kompliziert, da der Wille der Parteien bei Vertragsabschluss (!) naturgemäß im Nachhinein oft schwer zu ermitteln ist. Jede der Vertragsparteien behauptet später, im Zeitpunkt des Vertragsabschlusses etwas Anderes gemeint und somit auch gewollt zu haben. Selten aber doch lässt sich der Wille noch aus Zeugenaussagen ermitteln.

Vertragssitte

Als dritte Stufe ist dann die ergänzende Vertragsauslegung heranzuziehen. Man ermittelt die Vertragssitte oder Verkehrssitte. Darunter versteht man das, was Parteien typischer Verträge regelmäßig ausdrücklich oder schlüssig vereinbaren. Mit anderen Worten: Was ist „Sitte“ in den beteiligten Verkehrskreisen?

Zweifelsregel

Eine zusätzliche Auslegungsregel besagt weiters, dass bei einseitig verbindlichen Geschäften im Zweifel anzunehmen ist, dass sich der Verpflichtete eher die geringere als die schwerere Last auferlegen wollte. Wenn im Nachhinein unklar ist, ob ein Geschenkgeber sämtliche Gegenstände oder nur bestimmte Gegenstände verschenken wollte, ist im Zweifel davon auszugehen, dass er die geringere Anzahl gemeint hat.

Bei zweiseitig verbindlichen Geschäften wird eine undeutliche Äußerung zum Nachteil desjenigen ausgelegt, der sich derselben bedient hat (Unklarheitsregel).

Lässt sich mit Hilfe sämtlicher hier angeführten Regeln kein eindeutiger vernünftiger Erklärungssinn ermitteln, ist das Geschäft wegen Unbestimmtheit nichtig (Dissens). Das bedeutet, dass schlussendlich kein Vertrag zustande gekommen ist.

C. Stillschweigen als Zustimmung?

Ein Vertragschluss durch Stillschweigen würde dem Grundsatz von Angebot und Annahme widersprichen. Wenn eine Partei nichts tut, kann auch keine Annahme anzunehmen sein.

Früher passierte es vermehrt, dass man irgendwelche Waren (meist Bücher) zugesandt bekam. Im Beizettel fand man den Vermerk, dass bei Nicht-Reagieren binnen 14 Tagen ein verbindlicher Kaufvertrag zustande kommt und man sodann zur Zahlung verpflichtet ist. Natürlich entsteht dadurch kein Vertrag.

Ihr Stillschweigen kann nicht als Zustimmung gewertet werden. Beachten Sie jedoch, dass Sie die Waren nicht zerstören oder wegwerfen dürfen. Da es sich nicht um Ihr Eigentum handelt, ist Sachbeschädigung nicht erlaubt. Bewahren Sie die Sachen einfach auf (besondere Sorgfaltspflichten bestehen nicht) oder schicken Sie diese einfach zurück (Postgebühr bezahlt Empfänger).

Eine Ausnahme vom oben genannten Grundsatz stellt das kaufmännische Bestätigungsschreiben dar. Die Regelung gilt nur für Unternehmer, die in ständiger Geschäftsbeziehung stehen.

Wenn zwischen solchen Personen ein Auftrag nicht erledigt oder ein Angebot nicht angenommen wird, besteht die Verpflichtung, dies dem anderen Teil auch mitzuteilen. Ansonsten kann er darauf vertrauen, dass die Sache erledigt wird, wenn keine entsprechende Mitteilung erfolgt.

VI. Der Zeitablauf des Vertragsabschlusses

Vorvertragliches Verhältnis; MoU	Rechtsfolgen Schadenersatzansprüche
Vorvertrag; LoI	Anspruch auf Abschluss eines Vertrages
Punktation	ist in Hauptpunkten Vertrag
VERTRAG	
Vertragsabschluss – signing – closing	Ansprüche aus Vertrag
Mängel bei Vertragsabschluss	Vertrag kann wieder aufgehoben werden

Selten ist es so, dass ein Vertrag im geschäftlichen Bereich sofort nach der ersten Kontaktaufnahme geschlossen wird. Kaufen Sie aber zum Beispiel ein Kleid in einem Geschäft, suchen Sie dieses aus und bezahlen dieses sofort. Der Vertrag wird abgeschlossen und auch sogleich erfüllt.

Bei anderen Verträgen (zb betrieblichen Verträgen) werden oft schon lange vor Legen eines verbindlichen Angebots, das heißt auch schon bevor überhaupt sicher ist, ob man kaufen möchte, Vereinbarungen abgeschlossen. Diese sollen einerseits die Vertraulichkeit schützen, andererseits sind damit oft Exklusivitätszusagen – vorerst darf nur mit einem einzigen verhandelt werden – verbunden. Ein Verstoß gegen diese Vereinbarungen macht schadenersatzpflichtig. Die Verletzung dieser vorvertraglichen Vereinbarungen berechtigen jedoch nicht, auf Abschluss des Vertrages zu klagen.

Vom eigentlichen Vertrag ist man unter Umständen „noch weit entfernt".

A. Vorvertragliche Rechtspflichten

Geschäftspartner treten schon mit Aufnahme eines Kontaktes zu rechtsgeschäftlichen Zwecken in ein beiderseitiges Schuldverhältnis. Dieses verpflichtet sie zu gegenseitiger Rücksichtnahme bei der Vorbereitung und beim Abschluss des Geschäftes. Das ist unabhängig davon, ob später ein Vertrag abgeschlossen wird oder nicht. Die schuldhafte Verletzung vorvertraglicher Pflichten, die als culpa in contrahendo (Verschulden beim Vertragsabschluss) bezeichnet wird, macht schadenersatzpflichtig.

Neben dem banalen Beispiel, dass ein Käufer beim Betreten des Supermarktes auf einer ungenügend gereinigten Fläche ausrutscht, gibt es im Bereich der vorvertraglichen Rechtspflichten auch diffizilere Problemstellungen. Gerade wenn ein möglicher Käufer vor Abgabe des Kaufanbotes den Kaufgegenstand zuerst einmal eingehend prüfen möchte, kann natürlich bei dieser Prüfung schon viel an Information eingeholt werden. Diese Information darf – bei Scheitern der Verhandlungen – nicht anderwärtig genutzt werden.

Extra abgeschlossenen Geheimhaltungs- und Exklusivitätszusagen können diese Verpflichtungen absichern, die Beweisführung bei Verstößen gegen solche Vereinbarungen ist aber oft schwierig. Vertragsstrafen helfen zumindest, dass die Schadenshöhe nicht auch noch bewiesen werden muss.

Dieser vorvertragliche Bereich ist von verschiedenen Begriffen wie „Memorandum of Understanding", „Letter of Intent" oder Vorvertrag und Punktation geprägt.

B. Memorandum of Understandig (MoU)

Obwohl die Bezeichnung „Memorandum of Understanding" unglaublich wichtig klingt, handelt es sich hierbei bloß um die ersten Vorstellungen der Parteien. Es werden eigentlich nur die ersten Gedanken für eine spätere vertragliche Rechtsbeziehung zu Papier gebracht.

Es handelt sich somit um eine vorläufige unverbindliche Absichtserklärung der beiden Parteien und um nichts mehr. Diese Absichtserklärung ist lediglich die Grundlage für die fachmännische Überprüfung durch Wirtschaftsberater oder Anwälte.

C. Letter of Intent (LoI)

Schon eher an der Grenze zur Verbindlichkeit steht der Letter of Intent. Hierbei handelt es sich ebenso um eine Absichtserklärung, welche jedoch im Gegensatz zum Memorandum of Understanding bereits gewisse Bedingungen beinhaltet.

Aufgrund des Letters of Intent kann man zwar auch nicht auf Erfüllung klagen, aber jedenfalls auf eine vereinbarte Konventionalstrafe. Dies deshalb, da dem Verkäufer Nachteile erwachsen sind, wenn der Käufer nicht kauft, beziehungsweise, wenn die vereinbarten Bedingungen nicht eingehalten/erfüllt werden.

D. Vorvertrag

Der Vorvertrag ist grundsätzlich die Verabredung, in Zukunft einen Vertrag schließen zu wollen. Inhalt des Vertrages ist somit nicht der eigentliche Vertrag, sondern nur ein Vertrag, mit dem man sich verpflichtet, zu einem vereinbarten Zeitpunkt einen Vertrag abzuschließen.

Ein Vorvertrag macht dann Sinn, wenn sich die Parteien in der Sache zwar einig sind, aber der endgültige Abschluss des Vertrages noch von anderen Umständen abhängt. Möglicherweise liegen noch nicht alle Urkunden, behördliche Genehmigungen, etc vor und bedarf es zur endgültigen Abklärung bzw. Beschaffung der noch fehlenden Punkte etwas Zeit.

Inhalt des Vorvertrages ist somit nicht die zu erbringende Leistung des Hauptvertrages, sondern die Verpflichtung, überhaupt den Hauptvertrag abzuschließen. Damit ein Vorvertrag jedoch gültig ist, müssen sich die Parteien über den wesentlichen Inhalt des eigentlichen Hauptvertrages bereits geeinigt haben. Darüber hinaus muss zwingend ein Zeitpunkt vereinbart sein, zu welchem die Parteien den eigentlichen Vertragsabschluss über die Bühne bringen möchten.

Hauptsächlich werden solche Vorverträge im Bauträgerrecht und im Gesellschaftsrecht abgeschlossen, da aufgrund bestimmter Umstände eine sofortige Vertragserrichtung nicht möglich bzw. untunlich ist.

Beim Vorvertrag klagt man mit anderen Worten darauf, dass ein bestimmter Vertrag erst abgeschlossen wird. Verweigert jedoch eine der beiden Parteien sodann den Abschluss des Vertrages, muss der andere dann vor Gericht auf Abgabe einer Willenserklärung (= Unterschrift unter dem Vertrag) klagen.

Das Gerichtsurteil ersetzt dann die tatsächliche Unterschrift.

Der Vorvertrag im privaten Bereich

Auch im privaten Bereich kennt man einen Vorvertrag, das Verlöbnis. Man vereinbart im Vorhinein den Abschluss der Ehe (ja, die Ehe ist eine auf Vertrag basierende Rechtsverbindung). Im Falle des Verlöbnisses kann man aber nicht auf den Abschluss des Hauptvertrages, nämlich die Ehe, klagen. Eine derartige Vorgehensweise wäre vom Prinzip her schon sittenwidrig. Sehr wohl kann man aber Schadenersatz verlangen.

E. Optionsvertrag

Eine weitere Sonderform des Vorvertrages ist die Option und ist diese mit dem Vorvertrag verwandt.

Durch eine Option wird zwischen den Vertragsparteien bereits ein aufschiebend bedingtes Schuldverhältnis begründet. Der Unterschied zum Vorvertrag ist jedoch, dass einem der Vertragsparteien, ohne dass weitere Erklärungen notwendig sind, das Recht eingeräumt wird, das aufschiebend bedingte Schuldverhältnis zu verwirklichen.

Somit erwirbt man direkt aus der Option heraus einen Erfüllungsanspruch.

Diese Form des Vertrages finden wir sehr häufig im Bereich des Liegenschaftsrechtes. Oft räumt ein Liegenschaftseigentümer einem potentiellen Käufer vertraglich das Recht ein, binnen einer bestimmten Frist, sohin aufschiebend bedingt, durch einseitige Willenserklärung das Grundstück zu erwerben. Diejenige Vertragspartei, die eine solche Option eingeräumt hat, kann von dieser Verpflichtung nicht mehr zurücktreten. Läuft die Frist aber ab, ist auch der Optionsgeber nicht mehr an seine ursprüngliche vertragliche Zusage gebunden.

Sinnvoll ist eine Option auch dann, wenn zum Beispiel der potentielle Käufer der Liegenschaft ein Bauträgerprojekt plant und noch gar nicht weiß, ob er für das geplante und somit für das zu errichtende Gebäude überhaupt genügend Käufer findet. Finden sich nicht genügend Abnehmer, kann der potentielle Käufer die Frist einfach unbeantwortet verstreichen lassen.

Natürlich kann auch für die Einräumung der Option bereits ein Entgelt vereinbart werden, da der verkaufswillige Liegenschaftseigentümer für einen bestimmten Zeitraum keine andere Verkaufsmöglichkeit wahrnehmen kann.

F. Punktation

Bei der Punktation erkennt man schon einen echten Bindungswillen der Parteien. Sie kommt dem eigentlichen Vertrag am nächsten, da bloß nur noch einzelne Punkte näher ausverhandelt werden müssen.

Grundsätzlich stellt die Punktation ein vorläufiges Konzept über die Hauptpunkte eines Vertrages dar und sind diese Punkte jedenfalls für beide Parteien auch verbindlich. Die Verbindlichkeit zeigt sich dadurch, dass aus diesem „Vertrag“ direkt die Leistung begehrt und somit auch auf diese geklagt werden kann.

Entgegen der vorher ausführlich erklärten Formfreiheit für Verträge müssen Sie jedoch jedenfalls beachten, dass die Punktation entsprechend der gesetzlichen Bestimmungen in § 885 ABGB der Schriftform unterliegt. Daher ist auch der konkrete Bindungswille der Parteien wesentlich. Unvollständigkeiten werden aus dem mutmaßlichen Willen der Parteien und dem Gesetz abgeleitet.

Die Gültigkeit der Punktation ist zeitlich nicht begrenzt.

Heikel kann sein, dass bereits ein Vertrag zustande kommt, obwohl das von einer der Parteien womöglich gar nicht gewollt ist. Als Absicherung dagegen, dass jemand eine Vereinbarung auch als Punktation wertet, sollte zum Beispiel folgender Passus gewählt werden:

„Verhandlungsergebnis unter Vorbehalt der Überprüfung durch Wirtschaftstreuhänder, Rechtsanwälte, ...“

VII. Inhalt und Form des Vertrages

Wenn Sie nun im Folgenden etwas über Mindestinhalte von Verträgen lesen werden, dann hat das nicht zwingend etwas mit Formvorschriften zu tun. Das Gesetz normiert jedoch für unterschiedliche Vertragsarten auch unterschiedliche „Mindestvoraussetzungen".

Die gesetzlichen Regelungen dienen vor allem zur Unterstützung, sollten wesentliche Punkte im Vertrag fehlen. Hier bietet das Gesetz Lösungswege, die die Lücken füllen sollen.

A. Ratsamer Inhalt

Obwohl nicht unbedingt erforderlich, ist es in mancher Hinsicht doch ratsam, gewisse Inhalte im Vertrag zu verankern. Dazu gehören die Fälligkeit der Leistung und der Erfüllungsort.

Die Fälligkeit der Leistung kann von den Parteien vertraglich vereinbart werden. Geschieht dies nicht, ist die Leistung trotzdem fällig, jedoch richtet sich die Fälligkeit dann nach den gesetzlichen Vorgaben, sofern sie sich nicht ohnehin aus der Natur und dem Zweck der Leistung ableiten lässt.

Dasselbe gilt für den Erfüllungsort. Dieser ergibt sich entweder unmittelbar aus der Vereinbarung oder ebenso aus der Natur oder dem Zweck des Geschäftes.

Was muss aber im Vertrag geregelt sein?

Das was zu leisten ist!

Gerade die Art der Leistung ist oft nicht ausreichend bestimmt und lässt somit viel Raum für Spekulationen und Interpretationen (Was wurde überhaupt bestellt? Ist das geliefert worden?). Mehr als 50 % der Gerichtsprozesse betreffen Unklarheiten in diesem Punkt.

B. Formvorschriften

Nur wenige Verträge bedürfen einer speziellen Form. Der Grundsatz der Formfreiheit genießt in unserem Land allerhöchste Priorität. Doch die wenigen bestehenden Formvorschriften müssen eingehalten werden. Diese speziellen Regelungen resultieren entweder unmittelbar aus dem Gesetz oder haben die Parteien selbst eine strengere Form vereinbart.

Die Formvorschriften verfolgen immer einen besonderen Zweck. Dieser Zweck beschränkt sich meist auf den Schutz der Vertragsparteien vor Übereilung. Neben der einfachen Schriftform gibt es dann die öffentlichen Formen, die der Mitwirkung des Notars oder des Gerichts bedürfen. Hier gibt es den Notariatsakt, die notarielle Beurkundung und die notarielle Beglaubigung. Der Notariatsakt kann in bestimmten Fällen auch durch das Gerichtsprotokoll ersetzt werden.

Wesentlich beim Notariatsakt ist vor allem, dass der Notar auch für den Inhalt Verantwortung übernimmt, während er bei einer Beglaubigung nur überprüft, ob der, der unterschreibt, auch wirklich der ist, der er vorgibt zu sein.

Die „öffentliche Urkunde“ nimmt hier eine besondere Form ein. Bei einer öffentlichen Urkunde handelt es sich um jene Dokumente, die mit dem österreichischen Staatswappen gestempelt werden. Ein Dokument mit Adler ist nämlich per se echt und dessen Inhalt richtig. Der Beweis des Gegenteils ist aber zulässig.

Wurde die gesetzliche Form nicht eingehalten, ist das Rechtsgeschäft nichtig. Diese Nichtigkeitsfolge hat jedoch eine sehr wesentliche Einschränkung: Das formungültige Geschäft erzeugt eine Naturalobligation, das heißt, eine Leistungsverbindlichkeit, die nicht einklagbar, wohl aber erfüllbar ist.

Nachstehend finden Sie ein paar wesentliche „Rechtsgeschäfte" bei welchen auf eine bestimmte Form zu achten ist:

1. Bürgschaft

Bei der Bürgschaft geht es darum, dass ein Dritter dem Gläubiger gegenüber erklärt, für die Verpflichtung des Schuldners einzustehen. Dieses „Einstehen" stellt für den Bürgen jedoch ein großes Risiko dar und bedarf es aus diesem Grund eines besonderen Schutzmechanismus. So gilt die Verpflichtungserklärung eines Bürgen gegenüber einem anderen nur dann, wenn die Erklärung auch schriftlich erfolgt.

2. Schenkung

Auch bei einer Schenkung soll verhindert werden, dass der Schenkende übereilt handelt und womöglich seine unentgeltliche Leistung später bereut. Bei Schenkungen ist deshalb neben dem eigentlichen Vertrag zusätzlich noch eine tatsächliche Übergabe erforderlich. Ist eine Übergabe nicht möglich, ist ein Notariatsakt notwendig. Gerade für Liegenschaften ist dies besonders wichtig.

3. Gesellschaftsgründung

Die Gründung einer GmbH ist nicht allzu komplex, zur Errichtung der Gesellschaft bedarf es eines Gesellschaftsvertrages. Durch diesen Vertrag sollen jedoch die einzelnen Gesellschafter besonders geschützt werden und ist hier ein Notariatsakt erforderlich.

4. Testament

Das Testament ist eine einseitige Urkunde und bedarf es auch hier der Einhaltung von Formvorschriften, ansonsten entfaltet es keine Gültigkeit. Der Erblasser hat, wenn er das Testament alleine verfassen möchte, dieses handschriftlich zu verfassen. Wird die Urkunde jedoch mit dem Computer oder der Schreibmaschine geschrieben, sind drei Zeugen erforderlich, welche selbst im Testament nicht als Begünstigte angeführt sein dürfen.

5. Eheschließung

Neben dem Schutz vor Übereilung bezwecken bestimmte Formvorschriften auch ein hohes Maß an Offenkundigkeit. Als Beispiel ist hier die Eheschließung zu nennen, welche offenkundig vor einem Standesbeamten vorzunehmen ist.

6. Vereinbarte Schriftform

Ein von Parteien selbst in Verträgen oft vereinbartes Formerfordernis ist die Schriftform („Allfällige vor Abschluss dieses Vertrages schriftlich oder mündlich getroffene Vereinbarungen verlieren bei Vertragsabschluss ihre Gültigkeit, jede Änderung dieses Vertrages bedarf der Schriftform")

Hier muss man aber aufpassen, dass das Erfordernis der Schriftform tatsächlich auch von beiden Parteien „gelebt" wird. So kann es nämlich sein, dass eine neue Vereinbarung schlüssig zustande gekommen ist, die die schriftliche Vereinbarung einfach „overruled": Dies ist der Fall, wenn beide Parteien über eine längere Zeit hinweg mündliche Vereinbarungen treffen und auch entsprechend dieser Vereinbarungen handeln. Die tatsächlich gelebte Vereinbarung würde kurzum das Abgehen vom Erfordernis der Schriftform bedeuten. Später kann sich keine der Parteien mehr drauf berufen, dass nur das schriftlich „Vereinbarte" gilt.

C. Präambel

In einer Präambel soll in einer Art „erster Punkt vor dem ersten Punkt" des Vertrages klargestellt werden, welche Motive überhaupt zum Abschluss des gegenständlichen Vertrages geführt haben.

Von Vertragsverfassern wird eine Präambel dann aufgesetzt, wenn aufgrund einer Sonderkonstellation einem Dritten (zB dem Grundbuchführer) erklärt werden soll, warum ganz bestimmte vertragliche Konstruktionen gewählt wurden.

Bei komplizierten Kaufverträgen (zB Unternehmensverkauf) ist eine Präambel differenziert zu betrachten. Als Verkäufer ist es eher ratsam, auf eine Präambel zu verzichten. Durch eine Präambel werden Motive in den Vertrag genommen, welche Anfechtungsmöglichkeiten und Gewährleistungsproblematiken eröffnen. Als Käufer ist man daran interessiert, das Motiv des Vertragsabschlusses in den Vertrag aufzunehmen, eben um die Anfechtungsmöglichkeiten zu erweitern.

D. Art der zu erbringenden Leistung

Welche Arten von Leistungen kann man überhaupt erbringen, wenn der Vertrag ohnehin konkret die Leistung vorgibt? Man unterscheidet vor allem zwischen den Haupt- und Nebenleistungen.

Während sich die Hauptleistungspflichten aus dem jeweiligen Vertragstyp ergeben (zB Kauf, Miete, Arbeitsvertrag), sind die Nebenleistungspflichten in der Regel durch Vertragsauslegung zu ermitteln.

Eine vertraglich vereinbarte Nebenleistungspflicht liegt zum Beispiel dann vor, wenn zusätzlich zur Lieferung noch die Montage eines Gerätes vereinbart wird. Die Hauptleistung an sich wäre das Gerät, die Nebenleistung die Montage.

Bei der Pflicht des Verkäufers, die Ware ordentlich zu verpacken und eine Gebrauchsanweisung mitzuliefern, handelt es sich jedoch um unselbständige (= selbstverständliche) Nebenleistungspflichten. Als Nebenleistungspflicht im weiteren Sinn darf der Werkbesteller zum Beispiel auch erwarten, dass der Tischler bei Montage einer Küche keine anderen Gegenstände beschädigt. Sorgsames Verhalten ist somit eine nicht extra zu vereinbarende Nebenleistungspflicht bei vertraglichen Verhältnissen.

Sowohl bei Verletzung von Hauptleistungspflichten als auch bei Verletzung der Nebenleistungspflichten wird die Vertragspartei, welche die Verletzung herbeiführt, schadenersatzpflichtig. Liegt eine Verletzung der Hauptleistungspflicht vor, so kann aber zusätzlich auch auf Erfüllung des Vertrages geklagt bzw bei Verzug vom Vertrag zurückgetreten werden. Dies ist auch der Grund der Unterscheidung der beiden Pflichten.

E. Beendigung des Vertrages

Es wurde nun dargelegt, wie ein Vertrag gültig zustande kommt, nicht aber wie ein Vertragsverhältnis enden kann.

Hier unterscheidet man einerseits Vertragsverhältnisse, die eine einmalige Leistung zum Gegenstand haben. Darunter fallen Schenkungsverträge oder Kauf- und Werkverträge. Diese Verträge enden in der Regel durch Leistungserfüllung.

Es gibt aber andererseits Verträge, bei denen ein durch längere Zeit ausgeführtes Verhalten geschuldet ist (zB Arbeitsverträge, Unterlassungspflichten) oder bei denen periodisch wiederkehrende Leistungen zu erbringen sind (Miete, Stromlieferungsvertrag, Bierbezugsvertrag). Hierbei handelt es sich um Dauerschuldverhältnisse und können Dauerschuldverhältnisse – selbst wenn sie auf eine bestimmte Zeit abgeschlossen wurden – immer auch aus wichtigem Grund aufgelöst werden. Konkret spricht man hier von einer außerordentlichen Kündigung.

Ein wichtiger Grund ist gegeben, wenn die Fortsetzung des Vertragsverhältnisses wegen des Verlustes des Vertrauens in den Partner, schwerwiegender Leistungsstörungen oder des Wegfalls der Geschäftsgrundlage unzumutbar geworden ist.

VIII. Fallen der Vertragsgestaltung

Wie oben bereits erwähnt basieren viele Streitigkeiten und natürlich auch viele damit verbundenen Gerichtsverfahren auf Problemen, die mit dem Zustandekommen eines (vermeintlich) gültigen Vertrages im Zusammenhang stehen. Von den am häufigsten vorkommenden handelt dieses Kapitel.

A. Vollmachtsproblematik

Das Handeln in fremdem Namen stellt in Österreich keine Seltenheit dar, bereits Kinder gehen für ihre Eltern einkaufen.

Wie oft kommt es vor, dass Sie einem Geschäftspartner gegenüber sitzen, einen Vertrag ausarbeiten und diesen dann auch abschließen. Keine der beiden Parteien wird sich zumeist die Frage stellen, ob der andere denn überhaupt den Vertrag abschließen darf. *„Immerhin würde der andere ja nicht am Tisch sitzen, hätte er nicht das Recht zum Vertragsabschluss."*

Genau das sollten Sie sich aber fragen! Sie sollten bei allen zukünftigen Vertragsverhandlungen, insbesondere bei der Unterfertigung der Verträge, darauf achten, wer für die Gegenseite auftritt. Es sollte daher schon zu Beginn der Verhandlungen geklärt werden, ob der Verhandlungspartner auch die Befugnis zum Vertragsabschluss besitzt. Bestehen Sie darauf, dass die tatsächlich Entscheidungsbefugten auch die Verhandlungen führen.

Natürlich ist es im Geschäftsleben unmöglich, dass der Vorstand einer großen Aktiengesellschaft jedes Geschäft eigenhändig verhandelt und auch jeden Vertrag abschließt. In der Praxis werden daher die Vertragsverhandlungen oft von Angestellten geführt. Nicht selten kommt es jedoch vor, dass der tatsächlich Entscheidungsbefugte „NEIN“ zum bereits „fix und fertig“ ausverhandelten Geschäft sagt. Dies ist nicht nur enttäuschend sondern kostet auch Zeit und Geld.

Es ist dies oft auf ungeklärte und nicht ausreichend konkretisierte Vollmachtsverhältnisse zurückzuführen. Was ist nur der Unterschied zwischen einer Vollmacht und einem Auftrag? Welche Bedeutung kann ein solcher Unterschied überhaupt haben?

1. Vollmacht und Auftrag

Oft verwendet man die Begriffe „Vollmacht“ und „Auftrag“ in einem Atemzug und viel zu oft meint man auch das Gleiche damit. Natürlich gehen Auftrag und Vollmacht oft Hand in Hand. Solange keine Probleme auftauchen, wird sich an den ungenauen Bezeichnungen keiner stoßen. Im eigenen Interesse sollten Sie in Zukunft jedoch darauf besser achten.

Unterscheiden Sie zwischen dem internen Auftrag und der Vollmacht. Der Auftrag begründet ein Rechtsverhältnis zwischen dem Auftraggeber und dem Auftragnehmer. Dieses Rechtsverhältnis bezieht sich auf das Innenverhältnis. Das bedeutet, dass der Auftrag bloß zwischen diesen beiden Parteien Wirkung entfaltet. Der Auftrag ist ein rechtliches Müssen. Aus diesem Grund muss der Auftragnehmer den Auftrag auch als solches verstehen und annehmen, sonst gilt er nicht.

Die Vollmacht hingegen wirkt nach außen. Es handelt sich um ein rechtliches Können.

Der Vertreter verfügt über eine entsprechende „Vertretungsmacht“. Er kann somit im Außenverhältnis eine Willenserklärung abgeben und entgegennehmen, welche den Vertretenen unmittelbar berechtigt und verpflichtet.

2. Umfang der Vollmacht

Es reicht nicht aus, jemandem einfach eine Vollmacht zu erteilen. Vielmehr muss man den Umfang derselben klar konkretisieren. Der Bevollmächtigte muss wissen, was er tun darf und was er nicht tun darf. Daher empfiehlt es sich, gewisse Vollmachten jedenfalls schriftlich zu erteilen. So lassen sich Missverständnisse beim Vollmachtgeber und auch beim Bevollmächtigten bereits im Voraus vermeiden.

Doch nicht jede Vollmacht bzw. Befugnis muss bei Erteilung entsprechend ausformuliert werden. Gewisse Vollmachten sind bereits durch den Gesetzgeber umschrieben.

So sind die Befugnisse von Prokuristen, Geschäftsführern einer GmbH oder des Vorstandes einer AG im Gesetz geregelt. Dies erleichtert es den Vertragspartnern (auch aufgrund der verpflichtenden Eintragung dieser Organe im Firmenbuch) den richtigen und entscheidungsbefugten Vertreter ausfindig zu machen.

3. Erteilung der Vollmacht

Wie bei der Erstellung eines Vertrages unterliegt auch die Erteilung einer Vollmacht keinen gesonderten Formvorschriften. Eine Vollmacht kann sowohl schriftlich, mündlich, als auch konkludent erteilt werden.

Wie oben bereits erwähnt, ist die Schriftform wegen der Vermeidung von Unklarheiten und auch aus Beweiszwecken ratsam.

Das Erteilen der Vollmacht ist dem Geschäftspartner mitzuteilen, damit diese auch gegenüber dem Dritten wirksam ist.

4. Voraussetzungen einer gültigen Vollmacht

Damit eine Vollmacht gegenüber einem Geschäftspartner auch wirksam ist und auch Dritte vor Schwierigkeiten schützt, ist es empfehlenswert, bei der Überprüfung einer gültigen Vollmacht genau vorzugehen.

Die Voraussetzungen einer gültigen Vollmacht sind die ausreichende Vertretungsmacht, die Geschäftsfähigkeit des Bevollmächtigten und die Offenlegung gegenüber dem Dritten.

Über eine ausreichende Vertretungsmacht verfügt man bereits in dem Moment, in dem einem eine Vollmacht erteilt wurde. Die Erteilung der Vollmacht ist somit die erste zwingende Voraussetzung der Wirksamkeit.

Die erteilte Vollmacht muss, um ein Geschäft zwischen dem Vollmachtgeber und dem Dritten gültig zu begründen, diesem gegenüber auch offen gelegt werden. Man muss somit offen mitteilen, dass man das Geschäft nicht im eigenen sondern im fremden Namen abschließt.

Die letzte Voraussetzung für die Gültigkeit einer Vollmacht ist die ausreichende Geschäftsfähigkeit des Bevollmächtigten.

5. Anscheins- und Duldungsvollmacht

Was tun Sie jedoch, wenn Sie mit einem entsandten Bevollmächtigten einen Vertrag abschließen und die verantwortliche Geschäftsleitung des Unternehmens die Bevollmächtigung im Nachhinein abstreitet?

Grundsätzlich dürfen Sie im Geschäftsleben darauf vertrauen, dass der vom Geschäftspartner entsandte Vertreter auch über die erforderliche Bevollmächtigung verfügt, wenn der verantwortliche Geschäftspartner dies vorher erklärte. Diese Bevollmächtigung kann nicht rückwirkend zurückgenommen werden und Ihnen gegenüber als unwirksam erklärt werden.

Leider passiert genau das in der Praxis öfter als man denkt. Nicht selten werden bereits getätigte Erklärungen im Nachhinein zurückgenommen, um sich aus einem dann unliebsamen Geschäft zurückziehen zu können. Deshalb gibt es das Rechtsinstitut der Anscheins- und Duldungsvollmacht.

Bei der Anscheinsvollmacht geht es darum, dass der verantwortliche Geschäftspartner den Anschein erweckt, dass der vermeintlich Bevollmächtigte über eine ausreichende Vollmacht verfügt.

Der Gesetzgeber schützt hier den Dritten vor einer nicht ausreichenden Bevollmächtigung, die ihm gegenüber aber anders dargestellt wurde. Konkret muss diese Darstellung aber vom verantwortlichen Geschäftspartner und nicht vom Bevollmächtigten stammen.

Dies mag auf den ersten Blick etwas kompliziert erscheinen, ist es aber nicht.

Beispiel

Die Fa. A ist ein Malerbetrieb und verkauft nebenbei entsprechendes Malermaterial. Unter anderem vertreibt sie Farben. Zwischen der Fa. A und der Fa. B besteht bereits eine längere Geschäftsbeziehung und Fa. B bezieht regelmäßig die Farben über Fa. A.

Jedes Mal kommt D (der Maler der Fa. B) in die Geschäftsräumlichkeiten der Fa. A und holt dort die vereinbarten Mengen an Farbe ab. Die Rechnung wird in Folge von Fa. B immer fristgerecht und vollständig bezahlt.

Eines Tages kommt D zur Fa. A und holt – wie immer – Farbe ab. Die Rechnung wird an Fa. B geschickt und plötzlich verweigert diese die Zahlung. Als Begründung wird angegeben, dass D schon vor Wochen wegen Diebstahls entlassen wurde und B die Farben nie gesehen hat. D dürfte sie selbst weiterverkauft haben. Gegen wen sind nun die Ansprüche zu stellen? Wer hat die Farbe zu bezahlen?

Der Anspruch ist gegen die Fa. B zu richten und hat auch diese für die Rechnung aufzukommen. Es liegt eine sogenannte Anscheinsvollmacht vor.

Dadurch, dass die Fa. B immer wieder D zum Abholen der Ware geschickt hat und die Rechnungen ohne Einwände bezahlte, hat Fa. B den Anschein erweckt, D wäre zum Abholen von entsprechender Ware bevollmächtigt. Fa. A konnte somit auch bei diesem Geschäft darauf vertrauen, dass es sich erneut um ein Geschäft mit der Fa. B handelt.

Es liegt somit in der Verantwortung von Fa. B, den Geschäftspartner darauf hinzuweisen, dass D nicht mehr über eine entsprechende Vollmacht verfügt. Das hat sie verabsäumt.

Natürlich kann sich Fa. B das Geld von D holen, da ein Schaden in Höhe der Rechnungssumme entstand. Was ist aber, wenn D „über alle Berge“ ist ?

Wichtig ist, dass diese Anscheinsvollmacht immer eine Grundlage in einem bestimmten Verhalten des Vollmachtsgebers haben muss. Der Dritte muss aufrund dieses Verhaltens davon überzeugt sein, dass eine ausreichende Vertretungsmacht vorliegt.

Wenn kein Fall der Anscheins- oder Duldungsvollmacht vorliegt, ist das Geschäft im Zweifel mit dem Vertreter selbst zustande gekommen und ist dieser in Anspruch zu nehmen (im Zweifel Eigengeschäft).

In der Praxis und vor Gericht gibt es im Zusammenhang mit Vollmacht, Duldungs- und Anscheinsvollmacht und dem Grundsatz „im Zweifel ein Eigengeschäft" mannigfaltige Problemstellungen:

So kommt es oft vor, dass jemand einen Auftrag erteilt und sagt: „Die Rechnung schicken Sie bitte Herrn XY." Der Dritte, der den Auftrag erledigt, stehe dann vor dem Dilemma, dass er nicht weiß, gegen welche Person er vorgehen soll, wenn die Rechnung nicht bezahlt wird. Er muss entscheiden, ob eine Anscheinsvollmacht vorliegt oder nicht. Die Entscheidung des Gerichts hängt von den Aussagen des Vertretenen und des Vertreters ab. Wenn die beiden sich absprechen, verliert der Dritte den Prozess, egal wen er klagt.

Um all diesen Diskussionen aus dem Weg zu gehen, empfiehlt es sich jedenfalls, vor Verhandlungsbeginn die Frage der Vollmacht ganz genau abzuklären.

Unabhängig von den allgemeinen Vollmachten „des täglichen Lebens" gibt es im Geschäftsleben ganz spezielle Arten von Vollmachten: die Prokura und die Handlungsvollmacht.

6. Prokura

Bei der Prokura handelt es sich um eine ganz besondere unternehmensrechtliche Bevollmächtigung. Sie ermächtigt zu allen Arten von gerichtlichen und außergerichtlichen Rechtshandlungen, die der Betrieb eines Unternehmens mit sich bringt. Der Umfang der Vertretungsmacht ist gesetzlich festgelegt und kann gegenüber

Dritten nicht beschränkt werden. Die einzig mögliche Beschränkung ist die Filialprokura. Bei der Unterschrift wird auf die Stellung als Prokurist durch den Zusatz „ppA“ hingewiesen.

Beispiel

A als Unternehmer erteilt die Prokura an B, C und D und legt weiters fest, dass immer alle drei gemeinsam handeln müssen, damit ein Geschäft gültig ist. Dieses Handeln muss jedoch nicht gleichzeitig erfolgen. Trifft B eine Entscheidung und stimmen C und D erst später zu, so ist das Erfordernis der Gesamtprokura jedenfalls erfüllt. Nicht zulässig wäre es, wenn C und D bereits im Vorfeld zu allen Handlungen, die B setzt, ihre Zustimmung erteilen würden.

Eine Filialprokura ist vor allem dann sinnvoll, wenn es mehrere Zweigniederlassungen gibt. Es ist jedoch Voraussetzung, dass die Filialen unter verschiedenen „Zusätzen“ betrieben werden, damit ein Dritter erkennt, dass der Prokurist nur für diese eine Zweigniederlassung handeln darf.

A ist Prokurist bei B und nimmt für das Unternehmen einen Kredit auf. Geht das? Ja, der Prokurist kann Kredite aufnehmen, Forderungen erlassen, Vergleiche abschließen, Prozesse führen, Arbeitnehmer einstellen und auch wieder entlassen, etc.

Somit ist der Prokurist jemand, der im Namen und auf Rechnung des Unternehmens handelt und alle Handlungen setzen darf, die im Betrieb irgendeines Unternehmens vorkommen können. Es muss nicht unbedingt etwas mit dem eigenen Betrieb zu tun haben.

Die Erteilung der Prokura muss ausdrücklich erfolgen. Eine bestimmte Form der Erteilung ist jedoch nicht vorgesehen und kann diese auch mündlich erfolgen. Stillschweigend bzw. schlüssig kann kein Unternehmen eine Prokura erteilen.

Wichtig ist, dass diese Art der Vollmacht nur von einem in das Firmenbuch eingetragenen Unternehmer oder von seinem gesetzlichen Vertreter (bei einer juristischen Person) vergeben werden kann.

Beispiel

A unterfertigt sämtliche Briefe mit „ppa“, obwohl ihm offiziell keine Prokura erteilt worden ist. B, der Geschäftsführer, duldet dies. Es liegt jedoch keine „Duldungsprokura“ vor. Man kann hier höchstens von einer Handlungsvollmacht ausgehen, da es an der ausdrücklichen Erteilung der Prokura mangelt.

Doch auch die Prokura hat ihre Grenzen und der darf Prokurist nicht alles machen, was er will. So darf er keine Grundstücke des Unternehmens veräußern und belasten, den Betrieb des Unternehmens einstellen oder das Unternehmen überhaupt veräußern, die Prokura auf andere Personen übertragen oder einen Konkurseröffnungsantrag einbringen.

Ob jemand tatsächlich im Sinne einer Prokura für ein Unternehmen handeln darf, ist sehr einfach zu überprüfen. Diese Art der Vollmacht muss im Firmenbuch eingetragen werden, auch das Erlöschen ist im Firmenbuch bekannt zu geben.

Eine Prokura erlischt durch Aufkündigung durch den Prokuristen, Tod des Prokuristen, durch Konkurseröffnung und durch Widerruf. Dieser Widerruf kann wiederum nur von Personen getätigt werden, die auch zur Erteilung berechtigt sind.

7. Handlungsvollmacht

Bei der Handlungsvollmacht handelt es sich um eine abgeschwächte Form der Prokura. Diese wird im Rahmen des Unternehmens erteilt, wenn keine Prokura notwendig oder erwünscht ist.

Auch bei der Handlungsvollmacht ist keine bestimmte Form der Erteilung notwendig, es ist hier sogar eine Duldungs- bzw. Anscheinsvollmacht möglich.

Grundsätzlich unterscheidet man drei Arten von Handlungsvollmachten: die Generalhandlungsvollmacht, die Arthandlungsvollmacht und die Spezialhandlungsvollmacht.

Generalhandlungsvollmacht: Die erteilte Vollmacht erstreckt sich über den gesamten Betrieb des Unternehmens, wobei der Bevollmächtigte keine branchenfremde Geschäftstätigkeit entfalten und keine außergewöhnlichen Geschäfte tätigen darf.

Arthandlungsvollmacht: Der Bevollmächtigte darf nur gewisse Arten von Geschäften vornehmen. A als Einkäufer darf zB nur sämtliche mit dem Einkauf in Verbindung stehende Leistungen selbstständig machen.

Spezialhandlungsvollmacht: Mit dieser Vollmacht ist man nur zur Durchführung einzelner konkreter Geschäfte ermächtigt.

Die Handlungsvollmacht wird nicht ins Firmenbuch eingetragen. Um Außenwirksamkeit zu entfalten, muss sie daher dem Geschäftspartner gegenüber ausdrücklich offengelegt werden, außer es liegt eine Duldungs- oder Anscheinsvollmacht vor.

Wie auch die Prokura erlischt auch die Handlungsvollmacht durch Aufkündigung, Tod des Bevollmächtigten, Widerruf und Eröffnung des Konkurses.

B. Unterschied zwischen Wurzelmangel und Leistungsmangel

Nachdem bis jetzt dargelegt wurde, wie ein Vertrag zustande kommt, geht es im Folgenden um die Beseitigung bereits zustande gekommener Verträge bzw um deren korrekte Erfüllung. Hier unterscheidet man zwischen Wurzelmängeln und Leistungsmängeln.

Wie der Name schon sagt, liegt der Mangel beim Wurzelmangel in der Wurzel des Vertrages selbst. Das bedeutet, dass der Vertrag selbst mangelhaft ist, weil man im Zeitpunkt des Vertragsabschlusses einem Irrtum, List oder Drohung zum Opfer gefallen ist.

Beim Leistungsmangel ist die erbrachte Leistung mangelhaft oder gar nicht erbracht worden, wir sind im Bereich des Verzuges, der Unmöglichkeit und der Gewährleistung.

Es ist also darauf bedacht zu nehmen, worin der konkrete Mangel begründet ist.

C. Anfechtung eines Vertrages wegen Irrtums

Wie oft ist es Ihnen schon so ergangen, dass Sie sich, nachdem Sie ein Geschäft abgeschlossen haben bzw. nachdem Sie etwas gekauft haben, dachten, dass Sie dieses wohl besser nicht gemacht hätten?

Aber wie oft haben Sie dann versucht, „das Blatt zu Ihren Gunsten zu wenden" und das Geschäft rückabzuwickeln?

Im Geschäftsverkehr, egal ob unter Privaten oder im Business-to-Business-Bereich gibt es jedoch das Instrument der Irrtumsanfechtung. Die Anfechtung eines Vertrages aufgrund eines Irrtums ist eine der effektivsten Möglichkeiten einen unliebsamen Vertrag zu beseitigen.

Innerhalb von drei Jahren ist es jeder Vertragspartei erlaubt, mittels gerichtlicher Geltendmachung (!) ein vormals geschlossenes Rechtsgeschäft aufzulösen. Dabei beginnt die Frist zur Geltendmachung ab dem Zeitpunkt des Vertragsabschlusses zu laufen. Es müssen zusätzlich mehrere Voraussetzungen vorliegen, welche alle erfüllt sein müssen.

1. Beachtlichkeit des Irrtums

Die Beachtlichkeit ergibt sich aus dem Wesen des Irrtums:

Wer einem Irrtum unterliegt, hat eine falsche Vorstellung von dem, was tatsächlich vorliegt.

Wann genau kommt das vor? Dies kommt dann vor, wenn jemand über etwas eine Meinung hat, die nicht dem Tatsächlichen entspricht.

Dies alleine hilft noch nicht weiter, da sich jeder, wenn etwas nicht exakt seinen Vorstellungen entspricht, sofort auf einen Irrtum berufen würde. Das Prinzip der Verträge und deren besonderen Kraft im Rechtsverkehr würde somit ad absurdum geführt werden.

Daher unterscheidet man auch unterschiedliche Arten von Irrtümern, weiters ist nicht automatisch jeder Irrtum beachtlich.

Man unterscheidet zwischen Erklärungsirrtum, Geschäftsirrtum und dem Motivirrtum. Im Geschäftsverkehr sind jedoch nur der Erklärungsirrtum und der Geschäftsirrtum beachtlich.

Unterliegt jemand einem Erklärungsirrtum, so weicht das objektiv von ihm Erklärte von seinem tatsächlichen Willen ab. Vereinfacht bedeutet dies, dass jemand etwas sagt, was er eigentlich so gar nicht meint.

Beispiel

A will den Fernseher von B kaufen. B will für das Gerät € 500,–. Als B dem A ein SMS mit dem Preis schickt, vertippt er sich und empfängt A ein Angebot über € 50,–. Natürlich nimmt dieser das Angebot an und somit wäre bereits ein gültiger Vertrag zustande gekommen. Tatsächlich unterliegt B jedoch einem Erklärungsirrtum, da er objektiv Anderes erklärte als er subjektiv wollte. Der Fehler liegt hier im irrtumsbehafteten Erklärungsakt.

Beim Geschäftsirrtum geht es um rechtliche oder tatsächliche Umstände über die man irrt und die auch tatsächlich Inhalt des Vertrages geworden sind. Was wird Inhalt des Vertrages? Inhalt des Vertrages wird die Art des Vertrages, der Vertragsgegenstand, bestimmte Eigenschaften des Vertragsgegenstandes und vor allem auch die Person des Vertragspartners.

Irrt jemand über die Art des Vertrages, so hat er die wahre Natur desselben nicht zur Gänze bzw. nicht richtig erfasst.

Beispiel

A und B schließen einen Vertrag zur Nutzung einer Wohnung über 80 m². Während A von einem Mietverhältnis ausgeht, denkt B, er würde durch die Zahlung der monatlichen Beiträge das Eigentum der Wohnung auf Raten erwerben. B irrt somit über die Art des Vertrages, da er irrtümlich von einem Kauf- statt von einem Mietvertrag ausgeht.

Erwerbe ich etwas, was nicht dem entspricht, was es eigentlich laut Angebot sein sollte, unterliege ich einem Irrtum über den Vertragsgegenstand.

Beispiel

A geht zu B, der eine Vase als „antik“ anbietet und kauft diese um € 5.000,–. Tatsächlich befindet sich auf dem Vasenboden ein Aufdruck „Made in China“ und ist somit natürlich alles andere als antik. Die Vase hat nur einen Wert von € 70,–. A hat somit über den Vertragsgegenstand geirrt, da er etwas erworben hat, was dem tatsächlich Angebotenen nicht entspricht.

Natürlich kann man auch einem Irrtum unterliegen, wenn man der Meinung ist, das gekaufte Produkt würde über bestimmte Eigenschaften verfügen. Diese Eigenschaften – wenn sie nicht ohnehin ausdrücklich vereinbart worden sind – können auch dann gegeben sein, wenn sich deren Bestehen aus der Natur der Sache bzw. aufgrund der allgemein geltenden Verkehrsanschauung ergibt. So darf man, wenn man sich ein Auto kauft, auch grundsätzlich davon ausgehen, dass es fährt. Werden aber bestimmte Eigenschaften gezielt zum Inhalt des Vertrages erhoben, so ist das Fehlen derselben ein Indikator für einen Irrtum.

Verfügt ein Vertragspartner zum Beispiel nicht über die entsprechenden Befugnisse, die er eigentlich laut Vertrag haben müsste, so irrt man über die Person des Vertragspartners.

Sogenannte Motivirrtümer hingegen sind Irrtümer, welche sich auf Punkte außerhalb des Geschäftsinhaltes, somit außerhalb des Vertrages, beziehen. Oft lässt sich dies damit erklären, dass es beim Motiv um das „Warum“ des Vertragsabschlusses geht. Ein entsprechender Irrtum bezieht sich somit auf das Motiv und betrifft nicht den Vertrag selbst. Dies ist zum Beispiel dann der Fall, wenn jemand ein Hochzeitsgeschenk kauft, sich die Verlobten jedoch vor der Hochzeit trennen. Bei entgeltlichen Geschäften ist der Motivirrtum in der Regel nicht beachtlich. Beachtlich ist er aber bei der Anfechtung eines Testamentes oder einer Vertragsanfechtung wegen List.

Exkurs „Präambel“

Obwohl das Prinzip der Präambel bereits besprochen wurde, empfiehlt es sich auf die entsprechende Gefahr bei Verwenden einer Präambel hinzuweisen. Bei einer Präambel handelt es sich nämlich um das Motiv des Vertragsabschlusses, welches durch die Präambel ausdrücklich zum Vertragsinhalt erhoben wird. Das sich daraus ergebende Problem besteht darin, dass dadurch die Anfechtung des Vertrages wegen Irrtums über das Motiv unter Umständen ermöglicht wird. Warum? Beim Motiv handelt sich um einen Umstand, der Inhalt des Vertrages geworden ist.

2. Kausalität

Natürlich hilft der „beste" Irrtum nichts, wenn dieser in Wirklichkeit und mit dem Vertragsabschluss nichts zu tun hatte. Der Irrtum muss daher kausal für den Vertrag selbst gewesen sein. Konkret bedeutet das, dass der Vertrag im Wissen über den tatsächlichen Umstand nicht oder nicht so abgeschlossen worden wäre.

3. Veranlassung durch den Vertragspartner

Eine Anfechtung eines Vertrages wegen Irrtums ist weiters nur dann möglich, wenn der andere Vertragsteil diesen Irrtum auch veranlasst hat, ihm dieser auffallen hätte müssen oder die Aufklärung des Irrtums durch den Irrenden so rechtzeitig erfolgte, dass der Partner noch keine Disposition im Vertrauen auf das Geschäft vorgenommen hat.

Im Grunde hat der andere Vertragspartner den Irrtum veranlasst, wenn er so viel zum Irrtum beigetragen hat, dass er selbst nicht mehr schutzwürdig ist. Im Zuge von Vertragsverhandlungen gibt es oft eine große Anzahl von Gesprächen zwischen den Vertragsparteien, wobei nicht jedes Wort protokolliert wird. Gerade bei komplexen Verkaufsgegenständen, wie zum Beispiel ganzen Unternehmen, ist die Gefahr daher besonders groß. Im Nachhinein behauptet dann der Käufer, er habe sich über eine bedeutsame Eigenschaft des Kaufgegenstandes (wie zB Gewinnaussichten, Alter der LKW-Flotte, ...) geirrt, und zwar nur deshalb, weil ihn der Vertragspartner in diesen Irrtum geführt hat. Irgendwann hatte dieser nämlich in den Vertragsverhandlungen etwa behauptet, „das nächste Jahr wird noch viel besser als dieses Jahr" oder aber „keiner unserer LKW ist älter als fünf Jahre".

Bei den Vertragsgesprächen empfiehlt es sich daher, diesem Punkt besonderes Augenmerk zu schenken. Als Verkäufer kann man dieser Gefahr entgehen, indem man überhaupt keine direkten Verhandlungen mit den potentiellen Käufern führt. Die Verkaufsunterlagen werden vorbereitet und den potentiellen Käufern zur Verfügung gestellt. Diese haben dann das Recht, eine gewisse Anzahl von Fragen zum Verkaufsgegenstand schriftlich zu stellen und diese werden dann schriftlich beantwortet.

Beim „Auffallenmüssen" wird hinterfragt, ob man vom Vertragspartner auch verlangen kann, dass ihm dies auffällt. Man kann etwa davon ausgehen, dass einem Mechaniker, der ein Fahrzeug verkauft, auffallen hätte müssen, dass der Pkw Kühlflüssigkeit verliert.

4. Wesentlicher Irrtum

Als letzte Voraussetzung für eine erfolgreiche Anfechtung des Vertrages wegen Irrtums ist die „Wesentlichkeit" zu nennen. Der Irrtum ist wesentlich, wenn der Vertrag bei Kenntnis der wahren Sachlage gar nicht abgeschlossen worden wäre. Hätten die Vertragsparteien den Vertrag zwar abgeschlossen, aber eben anders, dann ist der Irrtum unwesentlich.

Bei einem wesentlichen Irrtum kann man den Vertrag anfechten. Man wird bei erfolgreicher Anfechtung dann so gestellt, als hätte es den Vertrag überhaupt nie gegeben. Dies bedeutet, dass jeder seine erhaltenen Leistungen an den anderen zurückstellen muss.

Ist der Irrtum für die Parteien unwesentlich gewesen, so kann man den Vertrag an den tatsächlichen Willen der Parteien anpassen. Grundsätzlich muss man hier aber wissen, dass man keine der Vertragsparteien zur Anpassung eines Vertrages zwingen kann. Verweigert einer der Parteien die Anpassung, ist nur mehr die komplette Aufhebung des Vertrages möglich.

Eine Anfechtung wegen Irrtums kann vertraglich ausgeschlossen werden.

Aufpassen müssen Sie nur bei Verträgen mit Konsumenten bzw. wenn Sie selbst in der Position des Konsumenten sind. Hier ist es nicht möglich, die Anfechtung wegen Irrtums auszuschließen, da das Konsumentenschutzgesetz ein entsprechendes Vorgehen nicht erlaubt.

D. Anfechtung des Vertrages wegen List

Nun haben Sie erfahren, dass man bestehende Verträge aufgrund eines Irrtums anfechten kann und dass es sich beim Irrtum um das wohl wirksamste Instrument handelt, ein Rechtsgeschäft aufzulösen.

Die „nächste Stufe" nach dem Irrtum ist die listige Irreführung oder vorsätzliche Täuschung, wie sie auch genannt wird. Grundsätzlich ist die Anfechtung eines Vertrages aufgrund von List ähnlich zur Irrtumsanfechtung aufgebaut, es gibt jedoch wesentliche Unterschiede.

Die Geltendmachung von List ist oftmals die letzte Chance, einen Vertrag auch noch nach langer Zeit anzufechten. Die Verjährungszeit beträgt hier 30 Jahre ab Vertragsabschluss.

Der Anfechtende muss den Vorsatz des Vertragsgegners zur listigen Irreführung nachweisen und genau dieser Punkt gestaltet sich schwierig. Wie kann man jemanden nachweisen, er hätte in vollem Wissen der Unwahrheit eine Handlung gesetzt, um den Vertragspartner zu täuschen? Das gelingt nur in den wenigsten Fällen. Möglich ist es zum Beispiel dann, wenn Jahre danach noch schriftliche vom „Listigen" hergestellte Unterlagen vorliegen, deren inhaltliche Unrichtigkeit in einem Strafverfahren hervorkommt. Durch diese Unterlagen muss der Irregeführte zusätzlich noch zum Vertragsschluss veranlasst worden sein.

1. Irrtum

Die erste Voraussetzung zur Anfechtung des Vertrages wegen listiger Irreführung ist das Vorliegen eines Irrtums. Bei List erfüllt auch der Motivirrtum das Kriterium eines beachtlichen Irrtums.

2. Kausalität

Zu prüfen ist hier, ob die listige Irreführung zum Irrtum und dieser Irrtum wiederum zum Vertragsabschluss geführt hat. Ist dies zu bejahen, ist die Täuschungshandlung auch kausal.

3. Vorsatz

Bei List hat der andere durch vorsätzliches Vorspiegeln falscher Tatsachen den Anfechtenden zur Willensabgabe bewogen. Strafrechtlich wird dies mit „Betrug" bezeichnet.

Bei der Vertragsgestaltung ist darauf Bedacht zu nehmen, dass auf die Anfechtung des Vertrages wegen List nicht im Vorhinein verzichtet werden kann. Ein entsprechender Verzicht ist sittenwidrig und ungültig.

E. Anfechtung des Vertrages wegen Drohung

Natürlich geht es noch eine Stufe höher und vor allem auch schlimmer. Die Anfechtung eines Vertrages wegen Drohung kommt jedoch in der Praxis selten vor, auch sie unterliegt der langen dreißigjährigen Frist.

Unter einer Drohung versteht man die Ankündigung eines zukünftigen Übels. Der Drohende gibt vor, auf dessen Eintritt ausreichend Einfluss zu haben. Der Anfechtende bzw. der Bedrohte muss aufgrund dieser Drohung seinen Willen erklären und einen Vertrag abschließen.

Auch auf die Anfechtung aufgrund einer Drohung kann im Vorhinein nicht verzichtet werden.

F. Erlaubtheit/Scheingeschäft

Grundsätzlich gilt in Österreich, dass Verträge, die gegen ein gesetzliches Verbot bzw. gegen die guten Sitten verstoßen, nichtig sind.

Stellen Sie sich zum Beispiel vor, A würde von C beauftragt, B zu ermorden. A kommt seiner vertraglichen Verpflichtung nicht nach und C würde vor Gericht auf Erfüllung des Vertrages klagen. Wo kämen wir denn da hin?

Oder A würde versuchen B mit Rattengift zu töten und B überlebt. Was würden Sie sagen, wenn C, der den Auftrag zur Tötung gab, den „Blutlohn" gerichtlich einklagt, indem er den Vertrag wegen Irrtums anficht, da er dem von A veranlassten Irrtum unterlegen sei, Rattengift wäre tödlich.

Verträge, die gegen die Gesetze verstoßen müssen nicht formal angefochten werden. Dies mit Ausnahme des Falles, dass die übertretene Norm nur den Schutz des einen Vertragspartners bezweckt, dann muss dieser die Nichtigkeit geltend machen.

Bestimmte „Unerlaubtheiten" sind im Gesetz extra angeführt (zB wenn sich ein Rechtsanwalt einen bestimmten Teil des erstrittenen Betrages versprechen lässt). Der vom Gesetzgeber so genannte „Verstoß gegen die guten Sitten" muss jedoch durch die Rechtsprechung konkretisiert werden. Das bedeutet im Klartext, dass der Richter im Verfahren entscheidet, ob ein Vertrag gegen die guten Sitten verstößt, somit also sittenwidrig ist.

Beispiel

So hat der Oberste Gerichtshof die Vereinbarung sexueller Freiheit zwischen Ehegatten oder Verträge zwischen Kunden und Prostituierten als sittenwidrig angesehen. Konkret heißt das, dass ein Freier keineswegs aus dem Vertrag auf eine Leistung klagen oder auch die Prostituierte ihren „Lohn" einklagen kann. Ferner sind Versprechen, seinen Beruf nicht zu wechseln, eine bestimmte Religion zu wählen oder das Verbot, einen Lebensgefährten in die Dienstwohnung aufzunehmen, ebenso nichtig.

Der Oberste Gerichtshof hat darüber hinaus auch Knebelungsverträge für sittenwidrig angesehen, die einen Unternehmer einseitig an einen übermächtigen Partner oder auf übermäßig lange Dauer binden.

G. Signing und Closing – Gefahren beim Verpflichtungs- und Verfügungsgeschäft

Wenn man sich die beiden Begriffe des Verpflichtungs- und Verfügungsgeschäftes näher ansieht, so stellt man in der Regel fest, dass diese in der Praxis oft zusammenfallen.

Beispiel

Wenn ich mir in einem Buchladen ein Buch kaufe, suche ich mir das Buch aus, zahle dann an der Kassa und übergibt mir der Buchhändler das Buch. Das Verpflichtungsgeschäft ist, dass ich dem Buchhändler sage, ich möchte dieses Buch kaufen und dieser antwortet „Ja, okay". Ich bin jedoch noch nicht Eigentümer des Buches geworden, hiefür ist eine körperliche Übergabe notwendig.

Bei Liegenschaftstransaktionen können jedoch das Verpflichtungsgeschäft (Unterfertigung des Kaufvertrages) und das Verfügungsgeschäft (Grundbucheintragung) weit auseinander fallen. Für diese Fälle ist es notwendig, im Vertrag genau zu normieren, ab wann die Haftung übergeht (Was ist, wenn das Haus in der Zwischenzeit abbrennt?) und ab wann wer für was verantwortlich ist. Weiters kann theoretisch natürlich einer der beiden Vertragspartner in diesem Zeitraum zwischen Verpflichtungs- und Verfügungsgeschäft in Konkurs gehen.

Noch kritischer kann es bei Unternehmenskaufverträgen sein, da ja der Geschäftsbetrieb üblicherweise in der Zeit zwischen Unterzeichnung des Verpflichtungsgeschäftes und Vollzug durch Übergabe des Kaufobjektes gegen Bezahlung des Kaufpreises (Closing) weiterläuft. In diesem Zeitraum kann naturgemäß allerhand passieren.

In diesem Zusammenhang ist jedoch auch die Motivation des Verkäufers in diesem Zeitraum zu bedenken. Es empfiehlt sich daher generell, diesen Zeitraum möglichst kurz zu halten. Manche Bewilligungen (zB Kartellbehörden) oder privatrechtliche Zustimmungen (zB Aufsichtsrat, Drittparteien) können dann eben erst nach Abschluss des Verpflichtungsgeschäftes eingeholt werden.

All diese Punkte sind bei Erstellung der Verpflichtungserklärung schon mitzubedenken und unter Umständen Klauseln vorzusehen, die diese Probleme abfedern.

So könnte man vereinbaren, dass sich der Kaufpreis erhöht, wenn bestimmte Umsatzziele in der Zukunft erreicht werden oder aber die zwischen Signing und Closing zusätzlich entstandenen Schulden vom Kaufpreis abzuziehen sind.

IX. Verschiedene Vertragstypen und „Internetkauf"

Da Sie nun wissen, wie ein Vertrag gültig zustande kommt und vor allem auch, auf welche Punkte konkret geachtet werden sollte, werfen wir einen Blick auf die am häufigsten abgeschlossenen Verträge.

A. Der Kaufvertrag

„§ 1053 ABGB

Durch den Kaufvertrag wird eine Sache um eine bestimmte Summe Geldes einem andern überlassen. Er gehört, wie der Tausch, zu den Titeln ein Eigentum zu erwerben. Die Erwerbung erfolgt erst durch die Übergabe des Kaufgegenstandes. Bis zur Übergabe behält der Verkäufer das Eigentumsrecht."

Der Kauf ist einer der verbreitetsten und vielschichtigsten Schuldverträge. Er reicht von den kleinen abgewickelten Handkäufen (Wurstsemmeln) zu Ratengeschäften bis hin zu Transaktionen an der Börse und Liegenschaftskäufen.

Das Gesetz lässt hier keinen Zweifel offen, dass die Mindestvoraussetzungen eines Kaufvertrages der Preis (bestimmte Summe Geldes) und die Ware (eine Sache) sind. Ein Kaufvertrag kommt somit durch Einigung über Ware und Preis zu Stande.

Eine besondere Form für den Kauf ist nicht vorgeschrieben, dies mit wenigen Ausnahmen (Kauf- und Tauschverträge unter Ehegatten oder Liegenschaftskäufe).

Gegenstand eines Kaufvertrages können sowohl körperliche als auch unkörperliche (Patentrechte, Lizenzrechte ...) Dinge sein. Bei einem Unternehmen macht der unkörperliche Teil („good will“) zumeist den Hauptwert aus, das Inventar und der Fahrzeugpark sind oft untergeordnet.

Der Preis muss in Geld ausgedrückt sein und zumindest bestimmbar sein. Es ist auch möglich, die Preisbestimmung einem Dritten zu überlassen. Ansonsten ergibt sich der Preis meist aus den jeweiligen Marktgegebenheiten.

Was passiert jedoch beim Kaufvertrag, wenn die Sache untergeht? Muss der Käufer bezahlen? Die Preisgefahr regelt das wirtschaftliche Risiko eines zufälligen Untergangs der verkauften Sache zwischen Vertragsabschluss (signing) und Übergabe (closing).

In der Regel (mangels anderslautender Vereinbarung) geht die Preisgefahr beim Kauf zum Zeitpunkt der bedungenen Übergabe über.

Wenn der Verkäufer die Preisgefahr trägt, heißt dies, dass er bei Untergang seiner Sache auch keinen Anspruch auf den Kaufpreis hat.

A verkauft an B ein Auto. Als Übergabetermin wird der 01.01. 2012 vereinbart. Am 31.12.2011 wird das Fahrzeug durch eine Lawine vollkommen zerstört. Der Verkäufer kann den Kaufpreis somit nicht verlangen, da der Schaden vor dem vereinbarten Übergabetermin eingetreten ist.

Wenn der Käufer die Preisgefahr trägt, heißt das, dass er den Kaufpreis zahlen muss, ohne die Leistung zu erhalten.

Da in der Regel auf die bedungene und nicht die tatsächliche Übergabe abgestellt wird, kann es sein, dass der Käufer den Kaufpreis zahlen muss, obwohl er die Sache noch gar nicht übernommen hat (bei Annahmeverzug).

A verkauft an B ein Auto. Als Übergabetermin wird der 01.01. 2012 vereinbart sowie Abholung um 12.00 Uhr durch den Käufer. Am 01.01.2012 verabsäumt B die Abholung und wird das Fahrzeug am 02.01.2012 durch eine Lawine komplett zerstört. Hier liegt das Versäumnis im Bereich des B und dieser trägt auch die Preisgefahr. Er hat den Kaufpreis zu ersetzen.

Eigentumsvorbehalt

In dieser Konstellation erwirbt der Käufer bis zur Kaufpreiszahlung aufschiebend bedingtes Eigentum. Dies bedeutet, dass er erst Eigentümer wird, wenn er den gesamten Kaufpreis bezahlt hat.

Hilfreich ist der Eigentumsvorbehalt im Konkurs des Käufers, in dem der Verkäufer, der noch nicht den gesamten Kaufpreis erhalten hat, die Sache herausverlangen kann.

Um sich gegen einen Weiterverkauf abzusichern, ist es empfehlenswert, sich nicht nur das Eigentum an der verkauften Sache vorzubehalten sondern auch den Verkaufserlös im Falle des Verkaufs.

B. Der Werkvertrag

„§ 1165 ABGB

Der Unternehmer ist verpflichtet, das Werk persönlich oder unter seiner persönlichen Verantwortung ausführen zu lassen."

Die gesetzliche Grundlage zum Werkvertrag scheint etwas dürftig ausgefallen zu sein. Den einzigen Inhalt, den ein Werkvertrag tatsächlich enthalten muss, ist die Beschreibung der Leistung (das Werk) um die es geht. Wesentlich beim Werkvertrag ist die Art der Leistung. Ein gültiger Vertrag setzt voraus, dass die Leistung zumindest bestimmbar ist.

Der Werkunternehmer ist vom Gesetz her verpflichtet, das Werk persönlich auszuführen oder unter seiner persönlichen Verantwortung ausführen zu lassen. Er kann sich natürlich auch Erfüllungsgehilfen zur Unterstützung nehmen und diese verpflichten. Die Haftung gegenüber dem Werkbesteller trägt er jedoch alleine.

Aufgrund des Gesetzestextes stellt sich für manchen nun sicher die Frage, ob ein Werkvertrag von Natur aus unentgeltlich ist? Nein, natürlich nicht. Der Werkvertrag zählt zu den entgeltlichen Verträgen.

Wird bei einem Werkvertrag die Höhe des Werklohnes nicht ausdrücklich festgelegt, gebührt dem Werkunternehmer ein angemessenes Entgelt. Den Anspruch auf diesen Werklohn normiert das Gesetz. Der Werkbesteller darf und kann auch gar nicht davon ausgehen, dass die Leistung unentgeltlich erbracht wird.

Das angemessene Entgelt ist oftmals nicht einfach zu eruieren und wird in Gerichtsverfahren durch entsprechende Sachverständige ermittelt. Will man es erst gar nicht so weit kommen lassen, orientiert man sich am branchenüblichen Honorar.

Im Zweifel ist der Werklohn nach Vollendung des Werkes und dessen Überprüfung zu zahlen.

Die Pflichten der einzelnen Vertragsparteien sind somit klar abzugrenzen: Der Werkbesteller ist zur Bezahlung der Leistung verpflichtet, welche der Werkunternehmer selbst oder in seinem Auftrag durch jemand anderen zu erbringen hat.

Warnpflichten

Nicht selten kommt es vor, dass das Material aus dem das Werk herzustellen ist, vom Werkbesteller bereitgestellt wird. Es kommt auch häufig vor, dass der Werkbesteller dem Werkunternehmer Anweisungen gibt, ein bestimmtes Material zu benützen oder nach einer bestimmten Methode vorzugehen.

Hier trifft den Werkunternehmer eine spezielle Verpflichtung: Es liegt in seiner Verantwortung, den Werkbesteller über die Unmöglichkeit/Gefährlichkeit der Ausführung mit dem bereitgestellten Stoff bzw. wie der Besteller es möchte aufzuklären und explizit zu warnen.

Die Beachtung dieser Warnpflicht ist wesentlich, da der Werkunternehmer bei schuldhafter Verletzung der gebotenen Warnung für die dadurch entstandenen Schäden haftet. Wird der Besteller jedoch ausreichend belehrt/gewarnt und besteht er auf die Durchführung, trifft ihn ein entsprechendes (Mit)verschulden an den Schäden.

Beispiel

A – als Werkbesteller – möchte, dass B – als Werkunternehmer – ein Haus auf das Grundstück des A errichtet. B stellt nach entsprechender Begutachtung aller Pläne fest, dass der Bau so nicht errichtet werden kann, da es massive Mängel bei der Statik gibt. Da es sich jedoch um ein lukratives Geschäft handelt, führt er den Bau aus und stellt seine Leistung am Ende in Rechnung. Aufgrund der mangelhaften Statik stürzen jedoch Teile des Gebäudes ein.

B haftet, da er nicht über die ihm bekannten Mängel aufgeklärt hat, für die entstandenen Schäden und kann für sein Werk nichts verlangen. A hat auch entsprechende Schadenersatzansprüche. Hätte B aufgeklärt und A auf Ausführung bestanden, müsste sich A zumindest ein Mitverschulden anrechnen lassen, wenn er nicht überhaupt den Werklohn bezahlen und den Schaden alleine tragen muss.

Fälligkeit des Werklohnes

Stellen Sie sich vor, A errichtet für B ein Einfamilienhaus um € 325.000,–. Dabei handelt es sich um einen sogenannten Fixpreis. B verweigert jedoch nach der Fertigstellung des Hauses die Bezahlung des gesamten Werklohnes. Als Begründung gibt er an, dass die Fenster in sämtlichen Räumen leicht mangelhaft eingesetzt worden sind. Ein Austausch derselben ist mit wirtschaftlich vernünftigen Mitteln nicht möglich. B verlangt daher eine Preisminderung in Höhe von € 20.000,–. Zwei Jahre nach der Fertigstellung und nach Übergabe des Hauses klagt A den B auf Bezahlung des offenen Werklohnes. B wendet ein, dass der Werklohn, da die Fenster ja mangelhaft waren, noch gar nicht fällig ist. Zu Recht?

B erhebt hier die Einrede der mangelnden Fälligkeit des Werklohnes, da der Vertrag noch nicht (vollständig) erfüllt wäre. Er verkennt jedoch, dass ein derartiges Zurückbehaltungsrecht des Werklohnes nur bei einem Verbesserungsbegehren möglich ist. Es wurde jedoch bereits zu Beginn Preisminderung begehrt und ist daher das Zurückbehalten des gesamten Werklohnes nicht rechtens. Dies bedeutet, dass – bis auf die eingewendeten € 20.000,– – B zur Bezahlung des Werklohnes verpflichtet wird.

Würde der Mangel nur € 350,– betragen, läge ein Fall von Schikane vor, wegen solcher Mängel darf man nie zurückbehalten.

C. Vertragsabschluss über Internet

Gerade in der heutigen Zeit stellt sich oft die Frage nach den Regeln des Internetkaufs. Verträge werden immer mehr über das

Internet abgeschlossen. Konkret spricht man hier von Fernabsatz. Unter Fernabsatz nach dem KSchG versteht man einen Vertragsabschluss durch nicht bloß einmalige Verwendung von Fernkommunikationsmittel.

1. Fernkommunikationsmittel

Unter einem Fernkommunikationsmittel versteht man alles, was man zum Abschluss eines Vertrages ohne gleichzeitige körperliche Anwesenheit der Parteien verwenden kann. Gemeint sind hier vor allem Kataloge, Postwurfsendungen mit Bestellschein, Ferngespräche mit Personen, Teleshopping oder elektronische Medien, wie das Internet.

Entscheidend ist jedoch, dass der konkrete Vertrag unter ausschließlicher Verwendung oben genannter Mittel geschlossen wurde.

Wie bei allen anderen Verträgen müssen auch diese Rechtsgeschäfte frei von Zwang, List oder Drohung sein und ein Vertrag kommt bei Übereinstimmung von Angebot und Annahme zustande.

Wie sieht dies jetzt beim Fernabsatz aus?

a. Angebot

Nach herrschender Auffassung ist die Homepage eines Anbieters mangels Erkennbarkeit eines endgültigen Bindungswillens noch kein gültiges Angebot. Vielmehr ist es mit einem Schaufenster zu vergleichen. Ab wann liegt nun ein gültiges Angebot vor?

Ein gültiges Angebot liegt dann vor, wenn der User eine entsprechende Erklärung an den Unternehmer abgibt, was mittels Web-Formular oder E-Mail erfolgen kann. Beim direkten Download jedoch nimmt der Kunde bereits im Zeitpunkt des Herunterladens die Ware in Anspruch und kommt bereits zu diesem Zeitpunkt der Vertrag zustande.

b. Zugang

Wie oben bereits erwähnt, bedarf eine Willenserklärung auch eines gültigen Zugangs. Nach herrschender Meinung sind Erklärungen über Web oder Mail Erklärungen unter abwesenden Personen gleichzusetzen. Daher werden sie erst dann rechtlich verbindlich, wenn sie derart in den Machtbereich des anderen gelangt sind, dass dieser auch tatsächlich Kenntnis erlangen kann.

Beim Internetkauf ist dies der Fall, sobald ein Abruf durch den Empfänger möglich ist. Bei Einlangen der Erklärungen außerhalb der Geschäftszeiten wird der Zugang am Beginn des nächsten Werktages angenommen.

c. Annahme

Das Angebot muss zur Bewirkung eines rechtsverbindlichen Vertrages natürlich auch angenommen werden. Dabei ist in der Regel eine angemessene Frist zur Annahme einzuräumen.

2. Was ist bei Fernabsatz besonders zu beachten?

Bei Geschäften mit Verbrauchern ist jedenfalls zu beachten, dass der Verbraucher vor Abgabe seiner Vertragserklärung über

- Name und Anschrift des Unternehmers,
- die wesentlichen Eigenschaften der Ware oder Dienstleistung,
- den Preis,
- allfällige Lieferkosten,
- die Einzelheiten der Zahlung und der Lieferung,
- das Bestehen eines Rücktrittsrechtes,
- die Kosten für den Einsatz des Fernkommunikationsmittels,
- die Gültigkeitsdauer des Angebotes und
- die Mindestlaufzeit des Vertrages

informiert werden. Aus diesem Grund ist es auch erforderlich, die oben genannten Informationen schriftlich vor Vertragsschluss bekanntzugeben.

Das Wesentlichste am Fernabsatz ist das Recht auf Rücktritt vom Vertrag. Der Verbraucher kann von einem solchen Vertrag bis zum Ablauf von sieben Werktagen (Samstag zählt nicht als Werktag) zurücktreten. Hier genügt es, wenn die entsprechende Rücktrittserklärung innerhalb der oben genannten Frist abgesendet wird. Der Fristenlauf beginnt mit dem Tag des Eingangs der Ware beim Verbraucher.

Wurde aber der Verbraucher über die oben angeführten Informationen nicht aufgeklärt, beträgt die Rücktrittsfrist drei Monate.

Geschäfte im Internet bringen selbstverständlich viele Vorteile und erlauben den Zugriff auf einen nahezu unbegrenzten Markt. Es ist jedoch vorab zu klären, ob man als Unternehmer sämtliche Risiken abdecken kann und will. Hier ist jedenfalls Vorsicht geboten.

X. Eigentum

Eigentum ist in Österreich das stärkste Recht von allen und kann dieses gegenüber jedermann durchgesetzt werden.

Der rechtswirksame Kaufvertrag hat zur Folge, dass der Käufer vom Verkäufer Eigentum an der gekauften Sache erwirbt. Streitigkeiten ergeben sich jedoch oft auch daraus, dass gerade die Qualifikation als Eigentümer ungeklärt scheint. Um Ihnen hier schon vorab mögliche Probleme ersparen zu können, finden Sie nachstehend die wesentlichen Voraussetzungen für den Erwerb von Eigentum.

A. Der Besitz

Viel zu oft wird im deutschen Sprachgebrauch der Begriff „Besitz“ mit „Eigentum“ gleichgestellt. Rein juristisch betrachtet, handelt es sich jedoch hier um unterschiedliche Dinge. Der Besitzer als solches hat kein Eigentum an der Sache, sondern hat diese nur inne, dies aber mit dem Willen, diese auch zu besitzen, zu benützen, etc.

A leiht sich ein Buch von B. Das Buch bleibt immer noch im Eigentum von B, ist jedoch im Besitz von A. A hat das Buch inne und auch den Wunsch, es zu benützen, er will es ja lesen. Eigentümer möchte er nicht werden.

B. Der Erwerb von Eigentum

Um in Österreich Eigentum erwerben zu können bedarf es eines Titels, eines Modus und der Berechtigung des Vormannes. Der Titel ist der Vertrag, der bereits in den vorigen Kapitel näher erläutert wurde. Es ist jedoch erforderlich, dass der jeweilige Vertrag auch auf den Übergang von Eigentum gerichtet ist (zB Schenkungsvertrag, Tauschvertrag, Kaufvertrag).

A leiht das Buch nicht nur aus, sondern er kauft es. Er möchte das Buch nicht nur bloß besitzen, sondern es in sein Eigentum übernehmen.

Die Unterscheidung zwischen Eigentum und Besitz ist zwar oft schwierig, erhält aber zB im Besitzstörungsverfahren große Bedeutung. Hier kann nicht der Eigentümer auf Besitzstörung klagen, sondern nur der Besitzer. Der Rechtsbesitzer muss nicht der Eigentümer sein, so ist zB der Mieter Besitzer. Der Besitzer kann sein Recht auch gegen den Eigentümer (der Mieter gegen den Vermieter) durchsetzen.

Zurück zum Eigentumserwerb: Unter einem Modus versteht man die Art der Übergabe, welche die zweite Voraussetzung für den Erwerb von Eigentum darstellt. Ohne der im Gesetz vorgesehenen Übergabe der Sache kann niemand Eigentümer werden.

C. Formen der Übergabe

Tatsächlich kann eine Sache auf verschiedene Arten übergeben werden und stellt die Differenzierung bereits eine kleine Herausforderung dar.

1. Übergabe von Hand zu Hand

Bei dieser Form der Übergabe handelt es sich um das übliche „Aushändigen“ der Sache. Jemand kauft etwas und bekommt die Sache direkt vom Verkäufer in seinen Machtbereich übergeben.

Beispiel

A übergibt das verkaufte Buch direkt – von Hand zu Hand – an B, der das Buch auch sofort übernimmt.

2. Übergabe durch Anweisung

Hier wird dem Käufer die Sache nicht durch den Verkäufer selbst übergeben, sondern hat dieser einen Dritten angewiesen, dem Käufer die Sache auszuhändigen. Das Eigentum geht somit nicht erst auf den Dritten über, sondern springt tatsächlich erst bei Übergabe auf den Käufer über.

Beispiel

B kauft von A ein Buch. A übergibt es jedoch nicht direkt an B, sondern gibt das Buch an C, damit dieser – im Auftrag von A – das Buch an B weitergeben kann. C ist somit nur Mittelsmann und nicht Bestandteil des Vertragsverhältnisses.

3. Übergabe durch Besitzkonstitut

Die Übergabe durch Besitzkonstitut gestaltet sich etwas komplizierter als die anderen Formen der Übergabe, was in der Praxis oft zu Missverständnissen führt: Bei dieser Form der Übergabe wandert die Sache nicht wirklich von A nach B, sie verbleibt tatsächlich bei A.

Beispiel

A verkauft das Buch an B. Beide vereinbaren jedoch, dass A das Buch noch bis zu Ende lesen darf und es daher noch bei ihm bleibt.

Konkret handelt es sich hier um eine Vereinbarung, dass zwar das Eigentum übergeht, jedoch die Sache einstweilen beim Verkäufer verbleibt. Diese Form der Übergabe birgt ein Risiko, da dem Käufer die reale Verfügungsmacht über den Kaufgegenstand entzogen ist.

4. Übergabe durch Zeichen

Manchmal und nur in den seltensten Fällen ist eine körperliche (dh von Hand zu Hand) Übergabe nicht möglich oder untunlich. Um auch hier den Übergang von Eigentum zu ermöglichen, bedurfte es einer entsprechenden Lösung und diese wurde in der Übergabe durch Zeichen auch gefunden.

Hier ist es den Vertragsparteien gestattet, durch Anbringen eines Zeichens den Eigentümerwechsel anzugeben: zB verkauft Bauer A den Stoß gefällter Bäume an B und wird, weil eine körperliche Übergabe der Baumstämme untunlich ist, ein Schild angebracht, welches auf den neuen Eigentümer hinweist.

5. Übergabe von Liegenschaften

Beim Erwerb unbeweglicher Sachen (Liegenschaften) ist ebenfalls eine körperliche Übergabe nicht möglich. Um den Eigentümerwechsel entsprechend anzeigen zu können bedarf es daher einer entsprechenden öffentlichen Ersichtlichmachung. Dies geschieht in Österreich im Grundbuch. Wird ein neuer Eigentümer nicht in das Grundbruch eingetragen, verfügt er nur über außerbücherliches Eigentum, dies kommt eher einem Anwartschaftsrecht gleich.

D. Berechtigung des Vormannes oder gutgläubige Eigentumserwerb

Als letzte Voraussetzung muss noch die Berechtigung des Vormannes gegeben sein. Der Verkäufer muss also selber Eigentümer der Sache sein, um jemand anderem überhaupt Eigentum übertragen zu können.

Stellen Sie sich nun vor, Sie kaufen ein Auto von A und plötzlich werden Sie auf der Straße von C angehalten, der in Ihrem Wagen sein gestohlenes Fahrzeug erkennt. Wer ist nun tatsächlich Eigentümer? Haben Sie jemals Eigentum erworben, wenn C in Wirklichkeit das Fahrzeug tatsächlich gestohlen hat und deshalb kein berechtigter Vormann ist?

Mangels Vorliegen eines berechtigten Vormannes müsste der Eigentumserwerb eigentlich schon gescheitert sein. Zum Schutz eines gutgläubigen Erwerbers gibt es aber den gutgläubigen Eigentumserwerb.

Die Voraussetzungen für den redlichen (= gutgläubigen) Erwerb von Eigentum sind:

- Körperlich bewegliche Sache
- Entgeltlichkeit des Vertrages

- Redlichkeit des Erwerbers
- Sonderform des Vertragsschlusses (öffentliche Versteigerung, befugter Gewerbsmann, Vertrauensmann)

1. Körperlich bewegliche Sache

Bei einer körperlich beweglichen Sache handelt es sich um jeden Gegenstand der auch tatsächlich von A nach B transportiert werden kann.

2. Entgeltlichkeit des Vertrages

Ein Vertrag ist bei Vorliegen von Leistung und Gegenleistung entgeltlich. Ein Schenkungsvertrag ist nicht entgeltlich, da hier nur einseitig eine Leistungserbringung erfolgt.

3. Redlichkeit des Erwerbers

Der Käufer ist redlich, wenn er glaubt, die Sache gehört dem Verkäufer.

4. „Besonderer“ Verkäufer bzw. besondere Form des Erwerbs

Zu guter Letzt muss noch eine der Sonderformen des Erwerbs vorliegen, um einen gutgläubigen Eigentumserwerb ermöglichen zu können:

Es handelt sich hier um den Erwerb in einer öffentlichen Versteigerung, um einen Erwerb von einem befugten Geschäftsmann oder wenn es sich beim Verkäufer um einen Vertrauensmann des tatsächlichen Eigentümers handelt. Dem Vertrauensmann wurde die Sache freiwillig übergeben. Er ist somit entweder der Innehabende oder Besitzer der Sache, jedenfalls aber mit Willen des tatsächlichen Eigentümers.

Beispiel

A ist Eigentümer eines Autos. D stiehlt es, fälscht die Fahrzeugpapiere und verkauft es an B. B erwirbt kein Eigentum, da keine der Sonderformen gegeben ist.

A ist Eigentümer eines Autos. D stiehlt das Auto, fälscht die Fahrzeugpapiere, ist aber Autohändler (befugter Gewerbsmann) und verkauft es an B. B erwirbt Eigentum, da alle Voraussetzungen erfüllt sind.

Dieses Beispiel zeigt deutlich die Gefahren eines Fahrzeugkaufes von Privaten auf.

Beispiel

A ist Eigentümer eines IPads und verleiht diesen an C. C benötigt dringend Geld und verkauft das IPad an B. B erwirbt Eigentum, da A den IPad freiwillig an C übergeben hat und dieser als Vertrauensmann unter die Sonderformen des gutgläubigen Eigentumserwerbs fällt.

Dieses Beispiel zeigt die Gefahren des „Verleihens“ wertvoller Gegenstände auf.

XI. Leistungsstörungen

Es liegt natürlich in der Natur von Vertragsabschlüssen, dass nicht immer alles reibungslos funktioniert. Nachdem wir uns weiter vorne bereits mit der Problematik von mangelhaften Verträgen (Wurzelmängel Irrtum, List, Drohung ...) beschäftigt haben, gilt es nun ein Auge auf Probleme zu werfen, die mit dem Vertragsabschluss an sich nichts mehr zu tun haben, da sie die Zeit danach betreffen.

A. Allgemeines

Leistungsstörungen sind Störungen bei der Erfüllung (= Abwicklung, Durchführung) des Vertrages. In Österreich ist das System der Leistungsstörungen relativ komplex. Aus diesem Grund finden Sie nachstehend eine vereinfachte Darstellung zum allgemeinen Verständnis. Grob gesagt kann zwischen Verzug und mangelhafter Leistung unterschieden werden, Sonderregeln gelten für das Unmöglichwerden der Leistung.

B. Verzug

Beim Verzug handelt einer der beiden Vertragsparteien zu spät (oder gar nicht).

1. Schuldner-/Leistungsverzug

Der Schuldner gerät in Verzug, wenn er den Vertrag nicht zur gehörigen Zeit, nicht am gehörigen Ort oder nicht auf die bedungene Weise erfüllt.

Der Gläubiger hat dann die Wahl:

Er kann entweder auf Erfüllung bestehen oder unter Setzung einer angemessenen Nachfrist vom Vertrag zurücktreten. In der Praxis wird diese gleichzeitige Rücktrittserklärung für den Fall der Nichteinhaltung der Nachfrist oft vergessen.

Es empfiehlt sich in etwa folgende Formulierung:

„Da Sie sich mit der Lieferung der Ware im Verzug befinden, setze ich Ihnen eine letzte Nachfrist von 14 Tagen. Sollte der Vertrag nicht innerhalb dieser Frist erfüllt werden, trete ich von demselben schon jetzt zurück."

Die Nachfristsetzung entfällt bei einem Fixgeschäft (das heißt, wenn fix zu einem bestimmten Termin die Leistung bestellt wurde).

Beispiel

Bestellung eines Christbaums für den 24. Dezember. Tatsächlich wird der Weihnachtsbaum am 26. Dezember geliefert. Da es sich um ein Fixgeschäft handelt und am 26. Dezember niemand den Baum braucht, gibt es auch keine Nachfrist.

Die Nachfrist muss so angemessen sein, dass sie es dem Schuldner ermöglicht, die Leistung nachzuholen. Das bedeutet aber nicht, dass sie so lange sein muss, dass der Lieferant erst mit der Produktion beginnt. Wurde die Nachfrist zu kurz bemessen, hat die gleichzeitig mit der Nachfristsetzung erfolgte Rücktrittserklärung keine Wirkung, wenn der Schuldner die Leistung in angemessener Frist erbringt. Der Oberste Gerichtshof hält es teilweise für ausreichend, wenn der Gläubiger gar keine Nachfirst setzt, diese jedoch durch Zuwarten tatsächlich gewährt.

Wenn der Verzug vom Schuldner verschuldet wurde, wird dieser darüber hinaus auch schadenersatzpflichtig.

Besteht der Gläubiger auf Erfüllung, kann er vom Schuldner den Verspätungsschaden begehren, das sind jene Nachteile, die ihm durch die verspätete Lieferung der Leistung entstanden sind.

Beispiel

A kauft sich ein Auto bei B und wird der 23. Februar als Übergabetermin fixiert. A verkauft am 22. Februar sein altes Auto an C. Am 23. Februar bekommt A die Nachricht von B, dass das bestellte Fahrzeug nun doch erst zwei Wochen später geliefert wird. A besteht auf Erfüllung des Vertrages, ist jedoch in der Zwischenzeit auf ein Mietauto angewiesen. Bei den Kosten des Mietautos handelt es sich um Schäden aufgrund der verspäteten Leistungserbringung.

Macht der Gläubiger jedoch vom Rückritt Gebrauch, kann er Schadenersatz wegen Nichterfüllung fordern. Er ist dabei so zu stellen, wie wenn ordnungsgemäß erfüllt worden wäre.

Beispiel

A kauft sich ein Auto bei B und wird der 23. Februar als Übergabetermin fixiert. A verkauft am 22. Februar sein altes Auto an C. Am 23. Februar bekommt A die Nachricht von B, dass die Bestellung vergessen wurde, die Lieferzeit vier Monate beträgt und das Fahrzeug erst dann geliefert wird. A setzt pro forma eine Nachfrist von zwei Wochen unter Hinweis, dass er dann vom Vertrag zurücktritt und das Auto bei der Konkurrenz K kaufen würde, bei der es zwar abholbereit aber um € 5.000,– teurer ist. B muss A die Differenz von € 5.000,– ersetzen.

2. Gläubiger-/Annahmeverzug

Gerät der Gläubiger in Verzug, weil er die vom Schuldner zur gehörigen Zeit, am gehörigen Ort und auf bedungene Weise angebotene Leistung nicht annimmt, treffen ihn sämtliche daraus resultierenden Nachteile, insbesondere die Preisgefahr. Weiters hat er natürlich seine Leistung zu erbringen.

In dem Moment, in dem der Gläubiger die Leistung annimmt, kann er nicht mehr Verzug geltend machen sondern nur mehr Gewährleistung.

C. Die Gewährleistung

Das Kapitel der Gewährleistung ist eines der wichtigsten, es sollte Sie für ihre Geschäfte sensibilisieren.

1. Garantie oder Gewährleistung

Viel zu oft werden Garantie und Gewährleistung miteinander verwechselt. Tatsächlich handelt es sich jedoch um zwei komplett unterschiedliche Rechtsbehelfe, die nichts gemeinsam haben.

Unter einer Garantie versteht man eine vertraglich vereinbarte Verpflichtung des Garantiegebers, das Garantierte auch einzuhalten. Wenn Automobilhersteller A auf sein Produkt eine 2-Jahres-Anti-Rost-Garantie gibt, so ist er aufgrund des Vertragscharakters verpflichtet, den rostfreien Zustand für zwei Jahre zu garantieren. Tritt innerhalb dieses Zeitraums ein Rost auf, so muss er den garantierten Zustand wieder herstellen.

Bei der Garantie ist jedoch Vorsicht geboten. Wenn Ihnen ein Händler eine Garantie zusagt, erkundigen Sie sich ausreichend über die Grenzen der Garantie. Garantie ist nicht immer Garantie und kann eine solche eben auch nur für bestimmte Eigenschaften gelten. Außerdem ist jede Garantie nur so gut wie die finanzielle Situation des Garantiegebers: geht dieser in Konkurs, ist die Garantie wertlos.

Die Gewährleistung besteht demgegenüber immer, ohne dass sie im Vertrag extra erwähnt werden muss. Sie ist gesetzlich vorgeschrieben und bietet Schutz vor einer Benachteiligung eines Vertragspartners. Das Recht auf Gewährleistung besteht zwei Jahre bei beweglichen und drei Jahre bei unbeweglichen Sachen (Grundstücken, Einbauten in Häuser – Einbauküche).

2. Das Gewährleistungsrecht

„§ 922 ABGB

Wer einem anderen eine Sache gegen Entgelt überlässt, leistet Gewähr, dass sie dem Vertrag entspricht. Er haftet also dafür, dass die Sache die bedungenen oder gewöhnlich vorausgesetzten Eigenschaften hat, dass sie seiner Beschreibung, einer Probe oder einem Muster entspricht und dass sie der Natur des Geschäftes oder der getroffenen Verabredung gemäß verwendet werden kann.“

a. Mangel

Dem Gesetz entsprechend ist der Übergeber zur mangelfreien Leistung verpflichtet. Wesentlich ist, dass die Sache dem Vertrag entspricht. Man unterscheidet zwei Arten von Mängeln.

- Sachmängel
- Rechtsmängel

aa. Sachmängel

Ein Sachmangel haftet einer Sache tatsächlich an. Die Sache entspricht daher entweder nicht dem, was vertraglich vereinbart wurde oder es werden bestimmte Eigenschaften einer Sache normalerweise ohnehin vorausgesetzt. Diese müssen nicht extra im Vertrag erwähnt werden. Es darf zB jeder darauf vertrauen, dass ein gekauftes Auto auch verkehrstüchtig ist.

Ob eine Eigenschaft als gewöhnlich vorausgesetzt gilt, hängt davon ab, ob der Erwerber nach der Verkehrsauffassung annehmen kann, dass sie vorhanden ist.

Werden im Vertrag jedoch gewisse Dinge konkret angeführt oder bestimmte Eigenschaften ausdrücklich zugesichert, ist eine Sache auch dann mangelhaft, wenn sie zwar über die gewöhnlich vorausgesetzten Eigenschaften verfügt, aber die ausverhandelten Komponenten fehlen. Wenn jemand zum Beispiel ein blaues Auto beim Autohändler bestellt, jedoch ein grünes geliefert bekommt, ist dieses Fahrzeug mangelfrei. Es hat nur die falsche Farbe, was aber ausreicht, um den Vertrag anzufechten.

Für die Feststellung des Vertragsinhalts ist auch zu beachten, welche Äußerungen der Verkäufer oder der Hersteller gegenüber dem Käufer gemacht hat und welche öffentlichen Äußerungen über den Vertragsgegenstand durch die Werbung den Käufer erreicht haben. Das Beworbene gilt hier somit in der Regel als Vertragsinhalt. Ausnahmen bestehen dann, wenn für jedermann klar ist, dass es sich um übertriebene Werbung handelt („Red Bull verleiht Flügel“).

ab. Rechtsmängel

Ein Rechtsmangel liegt vor, wenn der Veräußerer dem Erwerber nicht die rechtliche Position verschafft, die er ihm nach dem Vertrag verschaffen muss. Bei einem Rechtsmangel beginnt der Fristenlauf erst mit dessen Kenntnisnahme und nicht bereits mit Übergabe.

Ein Rechtsmangel liegt vor, wenn A sein Auto an B verkauft, obwohl dieses gar nicht sein Eigentum ist.

Oder nehmen Sie an, A kauft von B einen tiefergelegten Pkw mit Einzelgenehmigungsbescheid. Da der Pkw jedoch trotz der vorliegenden Genehmigung eine zu geringe Bodenfreiheit aufweist, besteht die Gefahr, dass die Behörde den nicht rechtmäßig erteilten Einzelgenehmigungsbescheid nach § 48 AVG aufhebt. Stellt dies einen Rechtsmangel dar? Hat A das bekommen was er eigentlich wollte?

Hier sagt der Oberste Gerichtshof, dass die bloße Möglichkeit des Vorliegends eines Mangels noch nicht dessen Geltendmachung erlaubt. Die ungewisse Wahrscheinlichkeit, ob die Behörde hier eingreift oder nicht, reicht keinesfalls für Gewährleistung aus. Andere Anfechtungsgründe – wie zB Irrtum – sind jedoch möglich.

b. Die Vermutung der Mangelhaftigkeit

„§ 924 ABGB

Der Übergeber leistet Gewähr für Mängel, die bei der Übergabe vorhanden sind. Dies wird bis zum Beweis des Gegenteils vermutet, wenn der Mangel innerhalb von sechs Monaten nach der Übergabe hervorkommt.“

Wichtig ist, dass der jeweilige Mangel bereits im Zeitpunkt der Übergabe vorhanden war. Es muss eine mangelhafte Sache übergeben worden sein.

Da dies für Laien oft schwer zu beweisen ist, findet sich in oben angeführter Gesetzesstelle eine entsprechende Beweiserleichterung: Tritt in den ersten sechs Monaten ein Mangel auf, so wird vom Gesetz her vermutet, dass dieser bereits im Zeitpunkt der Übergabe vorhanden war. Es muss somit der Übergeber beweisen, dass der Mangel nicht bestanden hat. Nach Ablauf der sechs Monate wendet sich das Blatt und der Übernehmer muss beweisen, dass der Mangel bei Übergabe sehr wohl vorhanden war.

Nach Ablauf der 6-Monats-Frist sollte es sich ein Käufer gut überlegen, ob er – ohne Gutachten und Rechtsschutzversicherung – auf Rückabwicklung oder Preisminderung klagt. Zur Abklärung, seit wann eine Sache mangelhaft wurde (schon vor der Übergabe oder erst danach), empfiehlt sich die Einholung eines Sachverständigengutachtens.

c. Die Gewährleistungsbehelfe

Grundsätzlich unterscheidet man zwischen primären und sekundären Gewährleistungsbehelfen. Erst wenn eine Lösung durch erstere nicht gefunden werden kann, darf man sich der sekundären Behelfe bedienen.

Das österreichische Gewährleistungsrecht sieht als primären Behelf die Verbesserung beziehungsweise den Austausch vor. Der Gesetzgeber hat hier ganz klar normiert „... *zunächst kann der Übernehmer nur die Verbesserung oder den Austausch der Sache verlangen ...*“ Der Übergeber soll grundsätzlich eine zweite Chance haben, den vertragsgemäßen Zustand herzustellen.

Neben der Verbesserung und dem Austausch kennt das Gesetz noch die Minderung des Entgelts (Preisminderung) oder die Wandlung (Aufhebung des Vertrages), das sind die sekundären Gewährleistungsbehelfe.

Preisminderung oder Aufhebung des Vertrages (= Wandlung) kann der Übernehmer nur dann sofort begehren, wenn

- die Verbesserung und der Austausch nicht möglich sind,
- die Verbesserung und der Austausch verweigert werden,
- die Verbesserung oder der Austausch für den Übergeber mit einem unverhältnismäßigen Aufwand verbunden wäre,
- dem Verlangen nach Verbesserung innerhalb angemessener Frist nicht entsprochen wird,
- erhebliche Unannehmlichkeiten für den Übernehmer vorliegen oder
- Ablehnungsgründe in der Person des Übergebers vorhanden sind.

Lässt zB der Werkbesteller die Behebung des Mangels durch den Werkunternehmer nicht zu, kann er die Bezahlung des Werklohnes nicht mit der Begründung verweigern, das Werk sei mangelhaft. Trotz mangelhaften Werkes muss er den vollen Werklohn zahlen.

Wenn man zu den sekundären Gewährleistungsbehelfen gelangt, hat der Übernehmer das Wahlrecht zwischen Wandlung und Preisminderung. Das Recht auf Wandlung besteht allerdings dann nicht, wenn es sich nur um einen geringfügigen Mangel handelt oder die Auflösung des Vertrages angesichts des geltend gemachten Mangels „unverhältnismäßig" wäre.

Als Rechtsfolge der Wandlung wird der Vertrag aufgehoben und werden alle bisherigen Leistungen rückabgewickelt. Die Parteien werden so gestellt, als hätte es überhaupt nie einen Vertrag gegeben.

Beispiel

A ist Hotelier und lässt ein neues Sportschwimmbecken errichten. Das Becken wird übernommen. Beim ersten Wettkampf wird das Ergebnis vom Schwimmverband nicht anerkannt, da das Becken um 4 cm zu kurz ist. A wünschte Verbesserung und hat der Übergeber B eingewendet, dass dies mit zu hohem Aufwand verbunden wäre. Die Kosten für die Beckenverlängerung liegen höher als die ursprünglichen Errichtungskosten. Der Oberste Gerichtshof erkannte, dass Verbesserung vorzunehmen ist, da eine Preisminderung nicht zum gewünschten Erfolg führt. Das Argument höherer Kosten ist daher nicht immer der Indikator.

Beispiel

A erwirbt von B einen komplett neuen Audi A4. Nach der Übernahme stellt er jedoch fest, dass der Schaltknüppel vibriert und dadurch auch entsprechende – lästige – Geräusche entstehen. Dies hat sonst keine weiteren Auswirkungen auf das Fahren, ist aber nicht behebbar. Ist bei diesem Mangel eine Wandlung möglich?

Der Oberste Gerichtshof erkannte hier keinen wesentlichen Mangel, da dadurch der eigentliche Zweck der Sache nicht beeinträchtigt ist.

Es wäre nur Preisminderung möglich. Wenn (aber) die Vibrationsgeräusche die Fahrsicherheit beeinträchtigen und darüber hinaus auch Lenkkorrekturen erforderlich sind, ist jedenfalls eine Wandlung möglich.

Wenn der Käufer bei Abholung des Audis auf eine Probefahrt bestanden hätte, ihm der vibrierende Schaltknüppel gleich aufgefallen wäre und er deshalb die Übernahme verweigert hätte, stellt sich die Rechtslage völlig anders dar: Niemand muss eine Sache übernehmen, die nicht der Vereinbarung entspricht. Obwohl ein vibrierender Schaltknüppel ein geringfügiger Mangel ist, ist klar, dass dies nicht der Vereinbarung entspricht. Da zu Recht die Übernahme verweigert wird, liegt Verzug des Schuldners vor mit entsprechenden Rechtsfolgen.

d. Ausschluss der Gewährleistung

Ein Übergeber hat grundsätzlich nicht für jene Mängel Gewähr zu leisten, die offenkundig oder aus öffentlichen Büchern ersichtlich sind. Trotz Offenkundigkeit haftet jedoch der Verkäufer, wenn er die fehlende Eigenschaft ausdrücklich zugesichert oder arglistig verschwiegen hat.

Inwieweit kann man Gewährleistung vertraglich ausschließen?

Der absolute Gewährleistungsausschluss für neue Waren wurde von der Rechtsprechung als sittenwidrig erklärt. Bei Verbrauchern darf ein Unternehmer die gesetzlichen Gewährleistungsmöglichkeiten nicht beschneiden. Solche Ausschlüsse sind unwirksam.

Beispiel

Der Bauer A kauft von seinem Nachbarn B einen gebrauchten Traktor „wie besichtigt und Probe gefahren und ohne jegliche Haftung für Mängel und Fehler". Vier Monate nach der Übergabe des Traktors stellt A plötzlich fest, dass der Motor des Traktors einen Getriebeschaden hat. A klagt ein Jahr nach der Übergabe auf Wandlung. Zu Recht? Was muss A im Prozess nachweisen? Hat A auf seine Gewährleistungsrechte verzichtet?

A muss hier jedenfalls nachweisen, dass der Mangel innerhalb der ersten sechs Monate nach Übergabe aufgetreten ist. Dies führt zur Vermutung der Mangelhaftigkeit.

Wie ist es mit dem gänzlichen Gewährleistungsausschluss?

Die Fahrbereitschaft des Traktors muss nicht ausdrücklich zugesichert werden sondern gilt als konkludent vereinbart. Der Gewährleistungsverzicht bezieht sich nicht auf die Fahrbereitschaft, mit der A rechnen durfte.

Der Ausschluss „wie besichtigt und probegefahren" bezieht sich nach der Rechtsprechung auf Mängel, die man auch bei einer derartigen Probefahrt erkennen hätte können. B hilft daher der Gewährleistungsauschluss nichts.

Was könnte ein Verkäufer dann tun, wenn er keinerlei Gewähr leisten möchte ?

Er könnte den Vertragsgegenstand in einer Art und Weise konkretisieren, dass kein Mangel einen Mangel darstellen kann, in etwa durch den Zusatz „das Fahrzeug dient zum Ausschlachten".

3. Schadenersatz bei Mängel

Wenn jemand schuldhaft gegen einen Vertrag verstößt, wird er schadenersatzpflichtig. Die Grundbegriffe des Schadenersatzrechtes werden in Kapitel XIV erörtert, Hier sollen lediglich Schadenersatzansprüche aus Vertragsverletzung angeschnitten werden. Einerseits haftet ein Verkäufer für den Mangelschaden, andererseits für den Mangelfolgeschaden.

4. Ersatz des Mangelschadens

Der Übernehmer kann wegen des Mangels an der Sache selbst nur Schadenersatz in Form der Verbesserung oder des Austausches verlangen. Das Recht auf Schadenersatz in Geld steht dem Übernehmer wegen des Mangels an der Sache nur unter denselben Voraussetzungen zu, unter denen er gewährleistungsrechtlich Preisminderung oder Wandlung verlangen kann: Zuerst muss er die Möglichkeit zu Verbesserung und Austausch eröffnen.

Da die Verjährungsfrist – drei Jahre – für den Schadenersatzanspruch jedoch ab Kenntnis des Schadens und des Schädiger läuft, macht es manchmal Sinn, sich auf Schadenersatz zu berufen. Die absolute Verjährung tritt erst nach dreißig Jahren ein.

Beispiel

Ein Abdichtungsunternehmen baut bei einem Flachdach mangelhafte Folien ein. Der Schaden tritt erst 4 Jahre nach der Übergabe ein. Der Mangel der Folien wäre beim Einbau für den Fachmann gerade noch erkennbar gewesen. Die Frist für Gewährleistung ist abgelaufen (3 Jahre ab Übergabe), der Mangelschaden kann jedoch gestützt auf Schadenersatz geltend gemacht werden.

5. Der Mangelfolgeschaden

Der Mangelfolgeschaden umfasst sämtliche Schäden, die als Folge des Mangels entstanden sind.

Werden zum Beispiel sämtliche Lebensmittel aufgrund eines mangelhaften Kühlschranks kaputt, spricht man bei den Lebensmitteln von einem Mangelfolgeschaden. Ein Schaden, der durch den Mangel an einer anderen Sache entstanden ist.

6. Regress an den Vormann

Der Unternehmer A liefert an den Unternehmer B einen Pkw. Dieser Pkw wird von B an C weiterverkauft. C ist Verbraucher. Aufgrund eines Konstruktionsfehlers – Mangel am Fahrzeug – begehrt dieser die Wandlung des Vertrages und gewinnt einen über 3 Jahre dauernden Prozess gegen B. Dieser möchte nunmehr bei seinem Lieferanten ebenfalls Gewährleistungsansprüche geltend machen. Ist das nach so langer Zeit überhaupt noch möglich?

§ 933 b ABGB erlaubt den Rückgriff auf den Vormann, sofern man selbst und (auch) der Vormann Unternehmer sind. Darüber hinaus muss der Letzte in der „Kette" ein Endverbraucher im Sinne des Konsumentenschutzgesetzes sein. B hat innerhalb von zwei Monaten ab eigener „Gewähr-Leistung" das Recht, sich an seinem Vormann – somit A – schadlos zu halten.

XII. Laesio enormis

„§ 934 ABGB
Hat bei zweiseitig verbindlichen Geschäften ein Teil nicht einmal die Hälfte dessen, was er dem andern gegeben hat, von diesem an dem gemeinen Werte erhalten, so räumt das Gesetz dem verletzten Teile das Recht ein, die Aufhebung und die Herstellung in den vorigen Stand zu fordern …“

Hierbei handelt es sich um den Rechtsbehelf „Verkürzung über die Hälfte“, bei dem es um das Problem des Ungleichgewichtes von Leistung und Gegenleistung geht.

Obwohl grundsätzlich bei Vertragsabschluss die Vertragsparteien Leistung und Entgelt frei bestimmen können und sohin auch über den Wert alleine urteilen, ist eine Aufhebung des Vertrages möglich, wenn ein extremes Missverhältnis zwischen wahrem Wert und vereinbarten Preis besteht. Wenn daher der objektive Wert einer Leistung nicht einmal die Hälfte dessen wert ist, was der andere dafür geleistet hat, kann innerhalb von drei Jahren ab Vertragsabschluss die Aufhebung des Vertrages gerichtlich begehrt werden.

Auf dieses Rechtsmittel kann von vorne herein nicht verzichtet werden (außer ein Unternehmer verzichtet), es findet allerdings keine Anwendung, wenn der Erwerber erklärt hat, die Sache zum vereinbarten Entgelt aus besonderer Vorliebe zu kaufen.

Beispiel

A kauft von der B-GmbH einen gebrauchten LKW um € 14.000,–. Nach Abschluss des Vertrages und Übergabe des Kaufgegenstandes wird bei einer Überprüfung festgestellt, dass der LKW zahlreiche technische Mängel aufweist. Er ist höchstens € 6.000,– wert.

A hat die Möglichkeit seinen Anspruch auf Gewährleistung, Irrtum, Laesio enormis und Schadenersatz zu stützen.

XIII. Produkthaftung

Es kommt vor, dass man ein Produkt kauft und sich dieses als mangelhaft bzw. fehlerbehaftet herausstellt. Die Möglichkeiten sich dagegen zu wehren wurden bereits näher betrachtet. Was ist jedoch, wenn durch das fehlerhafte Produkt weitere vom Produkt selbst vollkommen getrennt zu betrachtende Sachen oder Personen zu Schaden kommen?

Für diese Fälle gibt es in Österreich das Produkthaftungsgesetz. Das Produkthaftungsgesetz – kurz PHG – normiert eine verschuldensunabhängige Haftung für Personen- und Sachschäden, welche durch bereits im Zeitpunkt des Inverkehrbringens fehlerhafte Produkte verursacht werden. Man haftet somit nicht aufgrund von Vorsatz bzw. Fahrlässigkeit, sondern ausschließlich aufgrund der allgemeinen Gefahr, die ein Produkt mit sich bringt.

Dem Schutz des Produkthaftungsgesetzes unterliegen Konsumenten im Sinne des Konsumentenschutzgesetzes.

Beispiel

A kauft einen Fernseher von B. Als A den Fernseher anschließt, explodiert dieser aufgrund einer fehlerhaften Verkabelung im Gerät. A erleidet schwere Verletzungen und sind auch die Wohnzimmermöbel stark beschädigt. A kann nunmehr seine Ansprüche auch auf das PHG stützen. Wichtig ist,

- dass er einen Schaden hatte,
- der durch ein Produkt hervorgerufen wurde,
- das bereits schadhaft in den Verkehr gebracht wurde und
- dessen Fehler für den Schaden auch kausal war.

A. Schaden

„§ 1 PHG
Wird durch den Fehler eines Produktes ein Mensch getötet, am Körper verletzt oder an der Gesundheit geschädigt oder eine von dem Produkt verschiedene Sache beschädigt, ...“

Wesentlich beim Schaden ist, dass dieser nicht beim Produkt selbst eingetreten ist, sondern es immer um eine andere (durch das Produkt beschädigte) Sache geht. Es sind daher bloß die sogenannten Mangelfolgeschäden von der Geltendmachung umfasst.

Es geht somit nicht um den explodierenden Fernseher selbst, sondern um die Schäden die aufgrund dessen passieren, seien es Personen- oder Sachschäden.

Das Produkthaftungsgesetz beschränkt jedoch die Ersatzpflicht: Ein Schaden ist nur dann zu ersetzen, wenn ihn nicht ein Unternehmer erlitten hat, der die Sache in seinem Unternehmen verwendete. Darüber hinaus werden nur jene Schäden beglichen, die über € 500,– hinausgehen.

B. Produkt

Gemäß den Bestimmungen des Produkthaftungsgesetzes ist ein Produkt jede bewegliche körperliche Sache, selbst dann, wenn sie Teil einer anderen Sache – egal ob beweglich oder unbeweglich – geworden ist. Eine unbewegliche oder unkörperliche Sache (mit Ausnahme von Energie) gilt somit per se nicht als Produkt.

Wenn der Installateur zB eine Pumpe im Bad einbaut, ist sie immer noch ein Produkt für sich, obwohl sie Bestandteil einer unbeweglichen Sache geworden ist.

C. Fehler und Inverkehrbringen

Von einem fehlerhaften Produkt sprechen wir dann, wenn es nicht die Sicherheit bietet, die ein durchschnittlicher Benützer des Produktes unter Berücksichtigung aller Umstände erwarten darf. Wichtig ist hier, dass der Fehler bereits im Zeitpunkt des Inverkehrbringens vorlag. Wenn ein Unternehmer das Produkt einem anderen überlässt, sodass dieser es bereits gebrauchen kann, ist es in den Verkehr gebracht. Diese Voraussetzung ist auch dann erfüllt, wenn der Unternehmer den Kontakt zu Endverbrauchern ermöglicht.

Das Produkthaftungsgesetz unterscheidet zwischen unterschiedlichen Arten von Fehlern.

Konstruktionsfehler

Der Fehler liegt hier in der technischen Umsetzung, wobei auch die Planung und Entwicklung davon umfasst sind.

Fabrikationsfehler

Der Fehler liegt hier direkt bei der Produktion.

Instruktionsfehler

Die Gebrauchsanweisung ist fehlerhaft und verhindert eine ordnungsgemäße Verwendung des Produktes.

D. Kausalität

Abschließend ist noch zu klären, ob der Fehler des Produktes auch tatsächlich für die entstandenen Schäden verantwortlich ist. Wenn der Schaden auch ohne Fehler des Produktes aufgetreten wäre, ist das fehlerhafte Produkt nicht ursächlich und scheitert der Anspruch nach dem PHG.

E. Haftungsadressaten

Für die vorab angeführten Schäden haften der Hersteller, der Importeur sowie jeder Unternehmer, der das Produkt in den Verkehr gebracht hat. Wenn es mehrere Anspruchgegner gibt, haften diese solidarisch.

Kann man vorab auf die Geltendmachung von Ansprüchen nach dem PHG rechtswirksam verzichten? Nein, Vorwegvereinbarungen sind nach den Bestimmungen des PHG unzulässig und daher unwirksam. Vereinbart man einen Verzicht auf Ansprüche, nachdem der Schaden aufgetreten ist, ist dies jedoch zulässig.

Die Ansprüche sind innerhalb von drei Jahren ab Kenntnis des Schadens und des Schädigers (Anspruchsgegner) geltend zu machen. Nach 10 Jahren sind die Ansprüche jedenfalls verjährt.

XIV. Schadenersatz

Der Schadenersatz ist der gängigste Begriff, den auch Laien verwenden. Es ist schneller gesagt: „Ich verlange Schadenersatz" als „Ich fechte den Vertrag wegen Irrtums und laesio enormis an". Was sind die Voraussetzungen für den Schadenersatz?

A. Schaden

Unter einem Schaden versteht man einen finanziellen Nachteil, den jemand in seinem Vermögen zu verzeichnen hat. Wesentlich ist, dass jeder Schaden auch in Geld zu bemessen ist.

Beispiel

A und B haben einen Verkehrsunfall, an dem A das Alleinverschulden trägt. B hat sich den Fuß gebrochen. Da der Fuß – rein objektiv – keinen Wert hat, würde sich dieser Bruch auch nicht in Geld bemessen lassen und wäre sodann dies auch kein Schaden. Natürlich kann dem nicht so sein. Zwar wird nicht der Fuß in Geld bewertet, doch sind die sich daraus ergebenden Schmerzen mit „Schmerzengeldsätzen" hinterlegt. So erhält B für 20 Tage leichte Schmerzen zum Beispiel € 2.400,– (das Bezirksgericht Linz spricht etwa für leichte Schmerzen € 120,– pro Tag zu).

B. Rechtswidriges Handeln

Der Schaden muss auch auf ein Verhalten eines anderen zurückzuführen sein. Nicht jedes Verhalten, das tatsächlich einen Schaden begründet, taugt als Grundlage einer Schadenersatzforderung. Der Maßstab der österreichischen Rechtsprechung ist die objektiv gebotene Sorgfalt. Man stellt also auf das Verhalten eines durchschnittlich rechtstreuen Bürger ab. Wie hätte sich also ein solcher in der konkreten Situation verhalten?

Im Fall des oben genannten Verkehrsunfalls hat A zum Beispiel die Geschwindigkeitsbegrenzung nicht eingehalten. Er hat somit nicht die objektiv gebotene Sorgfalt eingehalten, da ein rechtstreuer Mensch mit geringerer Geschwindigkeit gefahren wäre.

Beispiel

Was ist, wenn der Unfall aber deshalb passiert ist, weil A durch die mit einem Minirock bekleidete sexy S abgelenkt war? Er „musste" ihr einfach „nachschauen", da sie perfekte Beine hat. Hat S jetzt den Unfall zu verantworten? Wenn sie in der Früh Jeans angezogen hätte, wäre der Unfall nicht passiert! In Österreich ist (im Gegensatz zum Iran oder Afghanistan) das Tragen eines Minirocks auf der Straße nicht verboten. Es ist aber geboten, den Straßenverkehr mit der nötigen Aufmerksamkeit zu beobachten, das heißt, man darf sich auch durch Miniröcke nicht ablenken lassen. Auch in diesem Fall haftet ausschließlich A.

C. Kausalität

Wie bereits vom Irrtum bekannt, muss das rechtswidrige Handeln für den Schaden verantwortlich sein. Der Schaden dürfte somit nicht eingetreten sein, wenn das rechtswidrige Handeln nicht gewesen wäre.

Wenn zum Beispiel B in unserem Verkehrsunfall zwischen geparkten LKWs so auf die Straße läuft, dass es trotz einer perfekten Vollbremsung (die A nicht gemacht hat) zum gleichen Unfall und den gleichen Verletzungen gekommen wäre, wäre die überhöhte Geschwindigkeit nicht kausal gewesen.

D. Verschulden

Beim Verschulden geht es um „Schlamperei und Absicht“ – nach allgemeinem Sprachgebrauch, um Fahrlässigkeit und Vorsatz in der Juristensprache.

Beim Aufhängen der Weihnachtsbeleuchtung stürzt A mitsamt dem Trägerkorb auf die Straße, da B – der Lenker des neuen Krans – das Einrasten der Halterungen nicht fachgemäß überprüfte, da er die Sicherheitsinstruktionen nicht gelesen hat.

Bevor man einen neuen Kran in Betrieb nimmt, muss jeder Kranfahrer das „Manual“ lesen. Was ist aber, wenn der Kranfahrer seinen Chef vor Erstinbetriebnahme zehnmal um die Sicherheitsinstruktionen gebeten hat, dieser es immer vergaß und B dennoch die ausdrückliche Weisung erteilte, A sofort hochzuheben, da „ansonsten Weihnachten vorbei wäre, bevor die Beleuchtung montiert ist. Wenn B nicht sofort handle, könne er sich einen neuen Job suchen!“ In diesem Fall könnte es sein, dass B seine Unterlassung nicht subjektiv vorwerfbar ist.

XV. Sonderregelungen für Unternehmer

Für Geschäfte mit Beteiligung von Unternehmern im Sinne des Unternehmensgesetzbuchs existieren Sonderrechte, die von dem bisher Erläuterten abweichen können.

Die im Unternehmensgesetzbuch normierten Sonderregelungen gelten dann, wenn am Geschäft entweder ein Unternehmer oder auf beiden Seiten Unternehmer beteiligt sind. Das Geschäft muss überdies zum Betrieb des Unternehmens gehören, im Zweifelsfall wird dies vermutet. Der Einzelunternehmer, welcher offensichtlich als Privatmann ein Geschäft abschließt, tätigt aber kein unternehmensbezogenes Geschäft. Gesellschaften sind stets Unternehmer.

Beispiel

Der Rechtsanwalt, der sein Privathaus umbaut, handelt nicht als Unternehmer.

Die Sonderregeln für Gebräuche im Geschäftsverkehr, unternehmensrechtliches Zurückbehaltungsrecht und sofortige Mängelrüge gelten nur für zweiseitig unternehmensbezogene Geschäfte. Die unternehmerische Sorgfaltspflicht und die Sonderregel für die Vertragsstrafe gelten auch bei einseitig unternehmensbezogenen Geschäften, jedoch natürlich nur auf Seite des Unternehmers.

A. Gebräuche im Geschäftsverkehr

Darunter sind spezifische Gewohnheiten und Gebräuche zu verstehen, die im bestimmten Verkehrskreisen üblich sind. Sie werden bei Auslegung von Verträgen zwischen Unternehmern (zweiseitig) herangezogen. Die Incoterms stellen dennoch derartige Gebräuche dar. Die Geltung bestimmter Gebräuche ist überdies nicht auf Unternehmer beschränkt, in bestimmten Fällen werden sie auch zur Auslegung von Verträgen zwischen Unternehmern und Verbrauchern herangezogen.

Beispiel

Wenn Unternehmer nicht beweisen können, dass ihre AGB für ein bestimmtes Geschäft vereinbart wurden, können sie sich oft dadurch retten, dass sie beweisen, in ihren AGB ohnehin nur das in diesen Geschäftskreisen „Übliche" aufgenommen zu haben.

B. Schweigen im Geschäftsverkehr

Grundsätzlich gilt bloßes Schweigen nicht als Zustimmung und entfaltet keiner rechtliche Wirkung. Bei einer dauernden Geschäftsbeziehung kann es sein, dass auch dem Schweigen eine rechtliche Wirkung zukommt, da man zumindest zu einer widersprechenden Erklärung verpflichtet gewesen wäre.

Insbesondere gilt dies beim unternehmerischen Bestätigungsschreiben. So ist es im geschäftlichen Verkehr üblich, formfreie Abreden schriftlich zu bestätigen, um deren Inhalt zu sichern oder zu konkretisieren. Wenn dennoch zwei Unternehmer am Telefon etwas ausmachen und das telefonisch Vereinbarte dann dem anderen Teil per Mail kurz zusammengefasst nochmals geschickt wird, kann es sein, dass das, was im Mail steht, Vertragsinhalt wird, wenn der andere nicht (rechtzeitig) widerspricht.

C. Verkürzung über die Hälfte

Seit der UGB-Reform kann auch ein Unternehmer dieses Anfechtungsrecht ausüben, sofern es nicht vertraglich zu Lasten dieses

Unternehmers ausgeschlossen wurde. Es ist empfehlenswert, diese Anfechtungsmöglichkeit auszuschließen, wird aber oft vergessen.

D. Vertragsstrafe

Die Vertragsstrafe ist ein pauschalierter Schadenersatz der an Stelle des Schadenersatzes wegen verschuldeter Nicht- oder Schlechterfüllung tritt.

Wenn ein Vertragspartner vertragsbrüchig wird, ist es oft schwer zu beweisen, welcher konkrete Schaden aufgrund dieses Vertragsbruches entstanden ist. Umsatzrückgänge, Kundenirritationen und unmotivierte – da „arbeitslose" – eigene Mitarbeiter lassen sich eben nur schwer in konkrete Geldbeträge „gießen".

Deshalb ist es sinnvoll, bei Vertragsfertigung pauschalierte Schadenersatzbeträge zu vereinbaren, die jedenfalls bei Vertragsbruch fällig werden. Bis vor Kurzem waren diese Strafen seitens eines Unternehmers auch nicht „wegzudiskutieren".

Grundsätzlich gibt es aber nun auch bei Unternehmern ein richterliches Mäßigungsrecht, der Verhandlungsrichter kann die Strafe – allenfalls nach Vernehmung von Sachverständigen – mäßigen.

E. Besondere Rügepflicht

Bei zweiseitig unternehmensbezogenen Geschäften trifft den Käufer eine zusätzliche Pflicht zur Anzeige (Rüge) des Mangels „binnen angemessener Frist". Die Regelung gilt für Kauf-, Werk- und Tauschverträge über Waren, aber nur für körperliche bewegliche Sachen. Der Käufer hat die Ware unverzüglich nach Ablieferung durch den Verkäufer – soweit nach ordnungsgemäßem Geschäftsgang tunlich – zu untersuchen und wenn sich ein Mangel zeigt bzw. erkennbar ist, diesen dem Verkäufer unverzüglich anzuzeigen.

Wenn er dies nicht tut, verliert er sämtliche Ansprüche auf Gewährleistung, Schadenersatz wegen des Mangels selbst (nicht Mangelfolgeschäden!) und auf Geltendmachung des Irrtums über die Mangelfreiheit der Sache.

XVI. Die Allgemeinen Geschäftsbedingungen (AGB)

Da wir uns vorab mit dem Entstehen von Verträgen bereits ausführlich beschäftigt haben, folgen schwerpunktmäßig nunmehr die Feinheiten der Vertragsgestaltung. Einen wesentlichen Punkt stellen hier die „Allgemeinen Geschäftsbedingungen" dar.

A. Warum AGB?

Unter „Allgemeinen Geschäftsbedingungen" versteht man Vertragsbedingungen, die bereits vorab für eine Vielzahl von Verträgen entworfen und nicht im Einzelnen mit dem Vertragspartner ausgehandelt wurden.

Die AGB sind ein Ausfluss jener Privatautonomie, die zu Beginn schon ausreichend thematisiert wurde. Jede Vertragspartei kann die Bedingungen, zu denen sie einen Vertrag schließen möchte, grundsätzlich frei bestimmen. Das Gesetz sieht jedoch im Hinblick auf die Geltung von AGB – vor allem auch zum Schutz von Konsumenten – bestimmte Grenzen vor, sollte ein Vertragspartner ungleichmäßig stark benachteiligt sein. Ein Vertragspartner ist zB dann stark benachteiligt, wenn die Rücktrittsrechte ungleich geschmälert werden.

Größere Unternehmen wie Banken, Versicherungen und Spediteure schließen täglich zahlreiche Verträge ab, die sich inhaltlich weitgehend gleichen und auch für einen großen Adressatenkreis unverändert gelten sollen. Es macht daher Sinn, gewisse Bedingungen bereits im Voraus zu vereinheitlichen und deren Geltung auf die Vielzahl von Verträgen auszudehnen.

Da die Gefahr einer möglichen Benachteiligung des anderen Vertragspartners durch AGBs durchaus gegeben und wahrscheinlich ist, werden im Geschäftsleben an Inhalt und Einbeziehung von AGB erhöhte Ansprüche gestellt.

B. AGB als Vertragsbestandteil

Vor allem große Unternehmen haben ihre eigenen Vorstellungen eines passenden Vertrages. Nicht selten prallen daher die unterschiedlichen Vorstellungen und somit auch die unterschiedlichen Vertrags- und Geschäftsbedingungen aneinander.

Wie werden AGB aber zum Vertragsbestandteil?

Grundsätzlich gelten AGB zwischen den Vertragsparteien kraft Vereinbarung. A und B einigen sich also über die Geltung der einen oder anderen AGB. Die Unterwerfung eines Vertragspartners unter die AGB des anderen kann dabei entweder ausdrücklich oder stillschweigend erfolgen.

Als unterste Grenze gilt hier jedoch:

Dem Vertragspartner muss deutlich erkennbar sein, dass der andere Teil nur zu seinen Geschäftsbedingungen abschließen will und es muss dieser auch zumindest die Möglichkeit haben, vom Inhalt der AGB Kenntnis zu erlangen. Es ist nicht notwendig, dass die AGB tatsächlich ausgehändigt werden, wobei Gewerbetreibende zum Aushang derselben verpflichtet sind. Achten Sie beim nächsten Einkaufsbummel, ob Sie die AGB des jeweiligen Geschäftes finden oder nicht. Meist liegen diese im Kassenbereich für Kunden auf.

Es empfiehlt sich schon aus Beweisgründen, die Anerkennung und gleichzeitige Unterwerfung durch den Vertragspartner schriftlich vorzunehmen, wenn es um größere Geschäfte geht.

Ein nachträglicher Hinweis auf die Geltung der eigenen AGB auf einer Rechnung reicht nicht aus. Der Vertrag ist dann bereits ohne Zugrundelegung der AGB geschlossen worden. Eine Zustimmung/Unterwerfung kann vorab somit nicht erfolgt sein. Ist jedoch der geschlossene Vertrag per se ungültig (siehe die entsprechenden Kapitel vorab), entfalten auch die AGB keine Wirksamkeit.

Verweisen die eigenen AGB zusätzlich noch pauschal auf weitere Bedingungen – wie zum Beispiel eigene Lieferbedingungen – hat das zur Folge, dass diese nicht Teil des Vertrages werden. Diese müssen gesondert als Vertragsbestandteil vereinbart werden. Hintergrund dieser Regel ist, dass man sonst wichtige Bedingungen „auslagert" und in den „normalen" AGB schlichtweg darauf verweist. Eine derartige Vorgehensweise kann dem Schutz der Parteien nicht entsprechen.

C. Battle of forms

Problematisch ist jedoch, wenn jede Vertragspartei auf die Geltung der eigenen AGB besteht und sich niemand unter die jeweils anderen AGB unterwirft.

Im Gerichtsprozess weisen dann beide Vertragspartner auf die Geltung ihrer eigenen AGB hin. Es stellt sich nun die Frage, wessen AGB tatsächlich Vertragsbestandteil wurden, wenn sich die AGBs widersprechen. Auch hier ist es wichtig, dass AGB nur kraft Vereinbarung gelten. Bei dieser Konstellation wird keine Einigung darüber erzielt, welche AGB gelten.

Es gelten nun weder die einen noch die anderen, sondern die gesetzlichen Bestimmungen. Das Gesetz regelt fast jede Angelegenheit und gilt als Richtlinie sowie als „Auffangnetz" für den Fall, dass die eigenen Bestimmungen im Rahmen der Privatautonomie scheitern.

Sogenannte „Abwehrklauseln", wonach jedenfalls keine gegenteiligen AGB akzeptiert werden, sind daher weitgehend wirkungslos.

D. Das Ungleichgewicht

Die Verwendung von gültig vereinbarten AGB bringt jedoch Nachteile mit sich: Mindestens eine Vertragspartei befindet sich in einer schlechteren Position. Das mögliche Ungleichgewicht zeigt sich in nachstehenden Punkten:

Wirtschaftliches Ungleichgewicht

Große Unternehmen haben meist einen entsprechenden Katalog an AGB. Deren wirtschaftliche Stärke führt oft zur Unterwerfung des Vertragspartners.

Die fehlende Möglichkeit der Vertragsgestaltung (take it or leave it)

AGB sind vorformuliert und standardisiert, weshalb der Vertragspartner meist keine Möglichkeit besitzt, aktiv an der Vertragsgestaltung mitzuwirken.

Informationskostenasymmetrie

AGB werden für eine Vielzahl von Verträgen konzipiert. Der Verwender investiert somit einmalig in die Erstellung seiner Bedingungen und teilen sich diese Kosten auf die Masse an Verträgen auf. Dem Vertragspartner bleibt dieser Kostenvorteil verwehrt. Er muss alleine für die Informationsbeschaffung, ob die AGB passen oder nicht, bereits mit hohen Kosten rechnen.

E. Fremdsprachige AGB

In Zeiten grenzüberschreitender Sachverhalte sind fremdsprachige AGB keine Seltenheit. Viele österreichische Unternehmen haben aus diesem Grund bereits auf fremdsprachige AGB umgestellt.

Fremdsprachige AGB stellen in Österreich keinen Hinderungsgrund dar. Es ist jedoch erforderlich, dass deren Geltung für den Adressaten erkennbar und die Verständlichkeit zumutbar ist.

Ob AGB „fremdsprachig" sind, bemisst sich nach der jeweiligen Verhandlungssprache. Wurden zB sämtliche Verhandlungen auf Englisch geführt und englische AGB ausgehändigt, liegt keine

Fremdsprachigkeit vor. Werden in diesem Fall hingegen deutschsprachige AGB überreicht, sind diese fremdsprachig.

Ein Verbraucher ist nicht an den Inhalt von AGB gebunden, wenn deren Inhalt nicht verständlich ist. Dazu ist es nicht einmal erforderlich, dass der Verbraucher die AGB überhaupt gelesen hat.

F. Der Inhalt von AGB

Der genaue Inhalt der AGB ist abhängig vom jeweiligen Geschäftsfeld bzw. vom Gegenstand des Unternehmens sowie vom Kundenkreis und kann nur im jeweiligen Einzelfall geklärt werden. Vorgefertigte Muster aus dem Internet sollten nicht einfach adaptiert, sondern sollten eigene AGB von einem Juristen oder einem Rechtsanwalt erstellt werden.

Nachstehend finden Sie einen Auszug von gängigen Klauseln. Die praktischen Hinweise sollen Ihnen einen kleinen Leitfaden bieten.

1. Gerichtsstandsvereinbarungen

In den AGB kann bereits im Voraus ein Gerichtsstand vereinbart werden. Das macht Sinn, wenn es zu Streitigkeiten aus dem Vertragsverhältnis kommt. Die österreichische Rechtssprechung fordert für die Gültigkeit einer solchen Gerichtsstandsvereinbarung einen urkundlichen Nachweis. Darunter versteht man eine rechtsgültige schriftliche Gerichtsstandsvereinbarung.

2. Haftungsausschlüsse

Das Gesetz setzt dem Ausschluss von Haftungen grundsätzlich keine Grenzen. Diese werden in Österreich durch die Rechtssprechung gezogen. So hat der Oberste Gerichtshof zum Beispiel entschieden, dass ein Haftungsausschluss für Personenschäden generell unwirksam ist!

Ansonsten sind Haftungsausschlüsse sowie die Verkürzung von Verjährungsfristen außerhalb des Konsumentenschutzgesetzes weitgehend möglich. Lediglich der Ausschluss der Haftung für vorsätzliche Schädigungen ist sittenwidrig und nicht erlaubt.

Im Anwendungsbereich des Konsumentenschutzgesetzes kann die Haftung für leichte Fahrlässigkeit ausgeschlossen werden. Das ist jedoch nur dann möglich, wenn dieser Haftungsausschluss mit dem Konsumenten einzeln ausverhandelt wurde.

3. Ausschluss von Gewährleistungspflichten

Gewährleistungsansprüche können bei Geschäften mit Verbrauchern (Konsumentenschutzgesetz) nie verändert oder gar ausgeschlossen werden. Es drohen Verbandsklagen des VKI und der AK.

Außerhalb des Konsumentenschutzgesetzes herrscht jedoch weitgehend Vertragsfreiheit (Grenze: Sittenwidrigkeit).

4. Eigentumsvorbehalt

Häufig findet man den Passus: „Bis zur vollständigen Bezahlung verbleibt die Ware in unserem Eigentum“.

Da der Eigentumsvorbehalt im Falle der Weiterveräußerung der Sache hinfällig werden kann (gutgläubiger Erwerb), sollte schon vorweg die Abtretung der Kaufpreisforderung gegen den Dritten an den Vorbehaltsverkäufer vereinbart werden.

5. Aufrechnungsverbote

Aufrechnungsverbote erleichtern die Einbringlichkeit von Forderungen, da – möglicherweise nur behauptete – Gegenforderungen vor Gericht nicht aufrechnungsweise geltend gemacht werden können.

Derartige Verbote sind jedoch im Anwendungsbereich des Konsumentenschutzgesetzes unzulässig.

6. Rechtswahl

Bei internationalen Geschäften kann natürlich die Geltung inländischen Rechts vereinbart werden. Die Richter werden es jedenfalls danken, sich nicht mit fremden Rechtsnormen auseinandersetzen zu müssen.

Gesetzliche Einschränkungen gibt es für Verbraucher im Rahmen des Konsumentenschutzgesetzes.

7. Schiedsgerichtsklausel

Derartige Klauseln sind bei Verträgen mit Vertragspartnern außerhalb der EU und der Schweiz empfehlenswert, da österreichische Gerichtsurteile im Gegensatz zu Schiedssprüchen dort nicht oder schwer vollstreckt werden können.

Fehlt eine schriftliche Schiedsklausel in internationalen Verträgen, ist man immer gezwungen im jeweiligen Land zu klagen. Eine Schiedsklausel führt auch dazu, dass die Verfahrensdauer massiv verkürzt ist und kein Anwaltszwang herrscht.

G. Die Prüfung der Gültigkeit

Viele Unternehmen sind der Meinung, je umfangreicher AGB konzipiert sind, je mehr Klauseln sich darin befinden, desto besser sind diese und desto einfacher wird die Lösung etwaiger Streitigkeiten. Alleine der Umstand, dass sich Klauseln in den AGB befinden, bedeutet aber noch nicht deren Gültigkeit.

Gesetz- und/oder sittenwidrige Klauseln sind nämlich jedenfalls unzulässig.

Schließt man ausschließlich mit Unternehmen Verträge ab, so muss man sich nur an den allgemeinen Zulässigkeitserfordernissen orientieren. Bei Geschäften mit Verbrauchern sind zusätzlich die Bestimmungen des Konsumentenschutzgesetzes (KSchG) zu beachten. In der Praxis erfolgt dann zumeist der Zusatz: „Punkt XY gilt nicht für Verbrauchergeschäfte."

Ausfluss der oben genannten Zulässigkeitserfordernisse ist die Unwirksamkeit von Bedingungen, mit denen der Adressat an dieser Stelle keinesfalls rechnen musste und welche für den Vertragspartner nachteilig sind. Diese Klauseln bezeichnet man als „überraschend", soweit nicht besonders darauf hingewiesen wurde. Ein solcher Hinweis kann durch besonderes Hervorheben oder ausdrückliches Aushandeln erfolgen.

Daher werden in AGB häufig bestimmte Textpassagen fett oder unterstrichen gedruckt, um der Gefahr zu entgehen, dass diese als unwirksam angesehen werden.

Sittenwidrige und/oder gesetzwidrige Bestimmungen entfalten auch dadurch keine Gültigkeit.

Beispiele für Sittenwidrigkeit:

- der gänzliche Ausschluss von Gewährleistungs- oder Schadenersatzansprüchen bei fabriksneuer Ware;
- völliger Ausschluss des Rücktrittsrechts;
- übermäßige hohe, existenzgefährdende Vertragsstrafe.

Eine Klausel ist dann sittenwidrig, wenn sie unangemessen bzw. sachlich nicht gerechtfertigt ist, wobei eine – die Umstände des Einzelfalles berücksichtigende – Interessensabwägung vorzunehmen ist. Nicht sittenwidrig ist zB die Ausmalverpflichtung des Mieters.

H. Unzulässige Klauseln nach dem KSchG

Als Generalnorm gilt § 6 Konsumentenschutzgesetz. Diese gibt Auskunft über unzulässige Vertragsbestandteile. Da es sich dabei lediglich um eine demonstrative Aufzählung handelt, können unter Umständen auch andere nachteilige Klauseln als ungültig angefochten werden.

Ungültig sind jedenfalls:

- Unbestimmte und überlange Antragsbindung des Verbrauchers
- Überstrenge Zugangserfordernisse
- Ausschluss oder Einschränkung von Zurückbehaltungsrechten
- Ausschluss oder Einschränkung der Schadenersatzpflicht für Personenschäden
- Ausschluss von Schadenersatzansprüchen für vorsätzliche und grob fahrlässige Schädigung
- Verlagerung der gesetzlichen Beweislastverteilung zu Lasten des Verbrauchers
- Unangemessen kurze Verfallszeiten für überlassene Sachen

Einige Geschäftsbedingungen sind jedoch wirksam, wenn sie vorab ausreichend besprochen und konkret ausverhandelt wurden.

Ob eine Klausel mit dem Kunden ausverhandelt wurde, muss der Unternehmer beweisen.

Nachstehend finden Sie einige Klauseln, die – wenn nicht tatsächlich ausverhandelt oder konkret vereinbart – ungültig sein können:

- Ungerechtfertigtes Rücktrittsrecht des Unternehmers
- Vertragsüberbindung an nicht genannte Dritte
- Einseitige Leistungsänderungen durch den Unternehmer
- Entgeltserhöhung innerhalb von zwei Monaten
- Ausschluss von Schadenersatz an übernommenen Sachen

Es gibt jedoch auch gewisse Bedingungen, bei denen der Oberste Gerichtshof von einer Gültigkeit ausgeht. Zulässig sind zum Beispiel

- Preis- bzw. Kreditzinsanpassungsklauseln
- die Vorauszahlungspflicht des Bieters bei Online-Auktionen
- die Überwälzung der Aufschließungskosten auf die Wohnungseigentumsbewerber

I. Das Transparenzgebot

Oft findet man AGB, die an Komplexität kaum zu übertreffen sind und scheint es meist unmöglich, den wahren Willen des Vertragspartners herauszufinden. Um die benachteiligte Vertragspartei zu schützen, werden viele dieser unklaren Bedingungen auf Basis des „Transparenzgebotes“ – meist erfolgreich – bekämpft. Grundsätzlich gilt nämlich, dass eine in AGB enthaltene Vertragsbestimmung unwirksam ist, wenn sie unklar oder unverständlich abgefasst ist. Normiert ist dies in § 6 Konsumentenschutzgesetz.

Liegt eine derartige Klausel vor, gibt es keine Möglichkeit einer geltungserhaltenden Reduktion. Konkret bedeutet das, dass die betroffene Bedingung nicht auf eine „gerade noch gültige“ Version gekürzt bzw. verändert werden kann. Der Oberste Gerichtshof hat entschieden, dass eine solche Klausel gänzlich entfällt.

Das Transparenzgebot enthält darüber hinaus verschiedene **Einzelgebote**, welche nachstehend betrachtet werden.

1. Gebot der Erkennbarkeit (Klarheit) und Verständlichkeit

Unter diesem Gebot versteht man nicht nur die Möglichkeit der Lesbarkeit, sondern geht es hier auch um die Sinnverständlichkeit. Diese ist etwa nicht mehr gegeben, wenn auf andere AGB verwiesen wird.

2. Gebot, den anderen Vertragsteil auf bestimmte Rechtsfolgen hinzuweisen

Hier sind besonders hohe Anforderungen an jene Klauseln zu stellen, die die Höhe der Zahlungen des Verbrauchers betreffen (zB Zinsgleitklauseln).

3. Bestimmtheitsgebot

Ziel ist die genaue Bezeichnung sämtlicher Voraussetzungen und deren Rechtsfolgen. Für den Verwender der AGB darf keinesfalls ein Beurteilungsspielraum bleiben.

Beispiel Kreditkartenunternehmer:

„Der Karteninhaber anerkennt den zur Verrechnung gelangenden Wechselkurs.“ Diese Klausel ist unklar, da nicht geklärt ist, wer den Wechselkurs bildet, wo er abgerufen werden kann und wann umgerechnet wird.

Beispiel Leasingverträge:

„Der Mieter ist zur vorzeitigen Erfüllung seiner vertraglichen Zahlungsverpflichtungen gegen eine angemessene Ermäßigung der Gesamtbelastung berechtigt.“ Hier stellt sich die Frage, was als *„angemessen“* zu verstehen ist.

Beispiel Mobiltelefonievertrag:

„Recht zur außerordentlichen Kündigung des Vertrages durch den Betreiber nach Vorwarnung, wenn der Teilnehmer einen unfairen Gebrauch – im Sinne eines vom üblichen Telefonieverhalten grob abweichenden Nutzungsverhaltens – macht.“ Was ist ein unfairer Gebrauch?

Diese Beispiele zeigen, wie sich unklare Bestimmungen immer wieder in die AGB großer Unternehmen schmuggeln.

4. Richtigkeitsgebot

Die Klauseln dürfen die Rechtslage weder verschleiern noch undeutlich darstellen. So ist es zum Beispiel nicht erlaubt, unrichtige oder unvollständige Belehrungen über Rücktrittsrechte zu erteilen.

5. Gebot der Vollständigkeit

Neben der Transparenzklausel gibt es als Schutz noch die Unklarheitenregel gemäß § 915 ABGB. Diese Regel besagt, dass undeutliche Formulierungen immer zum Nachteil desjenigen ausgelegt werden, der sich dieser Bestimmung bedient.

Die Unternehmer werden auf diese Weise dazu verhalten, ihre Geschäftsbedingungen klar abzufassen und so eine Täuschung ihrer Vertragspartner zu unterlassen.

Beispiel

In einem Punkt heißt es: „*Das freie und jederzeitige Rücktrittsrecht des Verkäufers wird bis zur vollständigen Bezahlung des Kaufpreises vorbehalten.*" Und an anderer Stelle: „*Ein Rücktritt vom Vertrag ist nur aus wichtigen Gründen möglich.*" So ergibt die Auslegung, dass ein Rücktritt nur in Folge wichtiger Gründe möglich ist.

XVII. Internationale Vertragsgestaltung

Die internationale Vertragsgestaltung wird aufgrund der Globalisierung immer wichtiger. Um was geht es dabei?

Jedes Land hat eine andere Kultur, andere Geschäftsusancen, andere Gesetze und auch andere Ansichten, wie ein bestimmtes Gesetz auszulegen ist. Wenn man die Geschäftsbeziehung dominiert, wird man seine Meinung, seine Geschäftsusancen und „sein" Recht in der Vertragsbeziehung auch durchsetzen können. Bei einem solchen „Knebelungsvertrag" wird der schwächere Teil aber meist versuchen, doch Lücken zu seinen Gunsten zu finden.

Es ist daher auf lange Sicht von Vorteil, jeden Vertrag so abzufassen, dass beide Teile damit „leben" können und sich daran auch emotional gebunden fühlen. Dann ist es jedoch wichtig zu wissen, wie der Partner in seiner Kultur, seinen Geschäftsusancen denkt.

Wissen Sie eigentlich, was passiert, wenn Sie in Japan sagen: „Damit haben wir gar kein Problem, das machen wir leicht?" Der Japaner wird Sie stundenlang befragen, wo Sie nicht vielleicht doch ein Problem haben könnten ... – dies nur deshalb, weil Sie das Wort „Problem" in den Mund genommen haben.

Wissen Sie was passiert, wenn Sie in Korea (durch Zufall) den Namen des Gesprächspartners, mit rotem Kugelschreiber in Ihren Notizen festhalten? Indem Sie den Namen Ihres Geschäftspartners rot schreiben, machen Sie sich ihn zum Todfeind ...

Mit der richtigen Vorbereitung auf ein Land und seine Kultur, Geschichte, Rechtstradition, Wirtschaftsorganisation, etc. können Sie wesentlich schneller zu einem positiven Ergebnis, sprich zu einem Vertrag kommen.

Neben diesen MUSTS im Soft-Facts Bereich müssen aber auch die Hard-Facts beachtet werden: So ist es oft schwierig, seinen Vertrag im Gerichtsweg durchzusetzen oder ein in einem Drittstaat erlangtes Schiedsgerichtsurteil zu exekutieren.

A. Die Sprachenproblematik

Bei internationalen Verträgen ist es zunächst sinnvoll, eine (mehrere) Vertragssprache(n) zu vereinbaren. Anschließend sollten sämtliche Vertragsverhandlungen in den definierten Sprachen erfolgen.

Die Vereinbarung „gängiger" Sprachen wie Englisch oder Französisch bereiten die wenigsten Probleme und verursachen zumeist auch die geringsten Übersetzungskosten. Doch auch bei Verwendung dieser Sprachen ist Vorsicht geboten: Unklare und pauschale Formulierungen führen zu Regelungslücken, die dann im Streitfall jede Vertragspartei zu ihren Gunsten auslegt. Es ist somit bereits bei den Verhandlungen darauf Bedacht zu nehmen, strittige Punkte anzusprechen und diese so detailliert festzulegen, so dass keine Unklarheiten in der Auslegung verbleiben.

Beispiel

Wenn in einem englischsprachigen Vertrag zwischen einer russischen und österreichischen Firma das Wort „damages" vorkommt, kann es zu Auslegungsproblemen kommen. Ist damit nur der kontinental-europäische Begriff des Schadenersatzes gemeint oder inkludiert das Wort „damages" auch „punitive damages", den Strafschadenersatz? Das kann Riesenauswirkungen haben, da bei Vertragsbruch dem vertragstreuen Gegner nicht nur der konkrete Schaden zu ersetzen sondern auch eine Strafe zu bezahlen ist, die sich am Jahresumsatz des Vertragsbrüchigen bemisst.

B. Die Rechtswahl

Bei der Frage, welches Recht überhaupt auf einen Vertrag anwendbar ist, der über die Staatsgrenze hinweg geschlossen wurde, kommt es zumeist darauf an, was die Parteien vereinbart haben; eine einvernehmliche Rechtswahl ist fast immer möglich. Wenn eine solche fehlt, kommen folgende Regelungen zu Tragen.

1. ROM-I- und ROM-II-Verordnungen

In den letzten Jahren kam es zu einigen Änderungen im internationalen Privatrecht. Durch diese Neuerungen sind sowohl Privatpersonen als auch Unternehmen betroffen. Für Rechtsgeschäfte innerhalb der Europäischen Gemeinschaft gelten seit dem Jahr 2010 in Österreich die Rom-I- und Rom-II-Verordnungen.

a. ROM-I-Verordnung

Die Rom I-Verordnung gilt für vertragliche Schuldverhältnisse in Zivil- und Handelssachen. Sie gilt nicht für Schuldverhältnisse aus Familienrechtsangelegenheiten, Schuldverhältnisse aus ehelichen Güterständen, Erbrecht und Schuldverhältnisse aus Verhandlungen vor Abschluss eines Vertrages. Wesentlich ist, dass eine Verbindung zum Recht verschiedener Staaten besteht.

Wie ist vorzugehen?

aa. Rechtswahl getroffen

Sie haben die Möglichkeit der freien Rechtswahl. Diese kann sowohl ausdrücklich mittels schriftlicher Vereinbarung als auch konkludent vereinbart werden. Die Rom I-Verordnung legt jedoch einen strengen Maßstab an das Vorliegen einer konkludenten Rechtswahl. Eine solche muss sich eindeutig aus den Umständen des Falles ergeben.

Liegt jedoch ein reiner Inlandssachverhalt vor – somit also kein Bezug zu einem anderen Land – bleibt das Recht jenes Staates anwendbar, in dem alle Teile des Sachverhaltes gelegen sind.

ab. Keine Rechtswahl getroffen

Haben die Parteien jedoch keine Rechtswahl getroffen, so ist das für den Vertrag maßgebliche Recht nach Art 4 Rom I-VO zu bestimmen.

Bei Kaufverträgen über bewegliche Sachen sowie für Dienstleistungsverträge (Dienstvertrag, Werkvertrag, Auftrag) kommt es auf den gewöhnlichen Aufenthalt desjenigen an, der die charakteristische Leistung erbringt, das ist der, der nicht in Geld bezahlt. Handelt es sich um Verträge, die ein dingliches (somit gegen jedermann durchsetzbares) Recht an einer unbeweglichen Sache oder die Miete bzw. Pacht einer unbeweglichen Sache zum Gegenstand haben, ist das Recht jenes Staates maßgeblich, in dem die unbewegliche Sache liegt.

ac. Verbrauchervertrag

Bei Verbraucherverträgen ist es so, dass bei mangelnder Rechtswahl das Recht jenes Staates anzuwenden ist, in dem der Verbraucher seinen gewöhnlichen Aufenthalt hat.

Haben die Parteien jedoch eine Rechtswahl getroffen, so ist diese grundsätzlich wirksam. Trotz der an sich wirksamen Rechtswahl kann dem Verbraucher hingegen der Schutz der zwingenden Bestimmungen des Staates, in dem er seinen gewöhnlichen Aufenthalt hat, nicht entzogen werden. Wenn das Ergebnis nach dem gewählten Recht für den Verbraucher ungünstiger ist als jenes nach den Bestimmungen des Aufenthaltsstaates, so wird das gewählte Recht verdrängt.

b. ROM-II-Verordnung

Während sich die Rom-I-VO auf vertragliche Schuldverhältnisse beschränkt, gilt die Rom II-VO für außervertragliche Schuldverhältnisse in Zivil- und Handelssachen, die eine Verbindung zum Recht verschiedener Staaten aufweisen.

Nicht erfasst werden Steuer- und Zollsachen, verwaltungsrechtliche Angelegenheiten, Amts- und Organhaftungsansprüche sowie außervertragliche Schuldverhältnisse aus dem Familien- und Erbrecht, aus der Verletzung der Privatsphäre oder der Persönlichkeitsrechte und aus außervertraglichen Schuldverhältnissen, welche sich aus dem Recht juristischer Personen ergeben.

Relevant wird die Rom-II-Verordnung insbesondere dann, wenn der Handlungsort (der „Ort", an dem das schadensbegründende Handlung gesetzt wurde) und der Erfolgsort (der „Ort" an dem der Schaden selbst eintritt) auseinander fallen.

Die Rom II-VO stellt ausschließlich auf den Erfolgsort ab.

Beispiel

Hans schickt von Österreich ein virenverseuchtes E-Mail an Pablo, der in Spanien wohnt. Als Pablo dieses Mail öffnet, werden – aufgrund des vorhandenen Computervirus – wichtige Daten gelöscht. Pablo entsteht ein Schaden iHv € 50.000,–. Welches Recht gilt? Das schadensbegründende Ereignis – somit das Absenden des virenverseuchten E-Mails – fand in Österreich statt, wogegen der tatsächliche Schaden erst in Spanien – bei Öffnen des E-Mails – eintrat. Die Rom II-VO stellt – wie oben bereits erwähnt – auf den Erfolgsort ab, daher ist das spanische Recht maßgeblich.

2. Das UN-Kaufrecht

Das UN-Kaufrecht ist ein modernes Kaufrecht, welches versucht, den Vertrag praxisnahe zu erhalten, sollte etwas nicht perfekt laufen. Über 50 Staaten haben die UN-Kaufrechtskonvention unterzeichnet, diese finden Sie im Anhang des Buches.

Es regelt nicht, welches Recht anzuwenden ist (wie Rom I, Rom II und IPRG), sondern schafft selbst für den eingeschränkten Bereich des Warenkaufes internationales Recht, das in allen Beitrittsstaaten gleich anzuwenden ist und den nationalen Rechtsordnungen vorgeht. Mit anderen Worten: es gilt automatisch, wenn Verträge zwischen Staatsbürgern der Mitgliedsländer abgeschlossen werden.

Das UN-Kaufrecht findet nur auf Kauf- und Werklieferungsverträge über bewegliche Sachen („Waren") zwischen Vertragsparteien, die ihre Niederlassung in verschiedenen Vertragstaaten haben, Anwendung. Verbrauchergeschäfte sind wie auch Wertpapiergeschäfte ausdrücklich ausgenommen.

Unter Einschluss des UN-Kaufrechts ist die Durchsetzung eines Anspruches viel leichter, weil sich Vertragsparteien auf das gleiche Recht mit den gleichen Definitionen berufen (nämlich das UN-Kaufrecht). Sie verstehen unter Anbot, Annahme, Lieferung, Lieferverzögerung, Vertragsverletzung und Schadenersatz allesamt das Gleiche und müssen sich nicht mit den Unterschieden der jeweiligen nationalen Rechte auseinander setzen.

Achtung:

Bei internationalen Kauf- und Werklieferungsverträgen gilt auch bei Vereinbarung österreichischen Rechts meist das UN-Kaufrecht. Wenn Sie es nicht wollen, muss es vertraglich ausdrücklich ausgeschlossen werden!

3. Vertragsschluss nach UN-Kaufrecht

Grundsätzlich gelten ähnliche Regelungen wie im inländischen ABGB.

Das Angebot kann jedoch nicht bloß bis zum Zugang sondern bis zur Absendung der Annahmeerklärung des Empfängers widerrufen werden. Enthält die Annahme weiters nur unwesentliche Ergänzungen oder Abweichungen zum Anbot, kommt der Vertrag zu Stande, wenn der Anbietende das Fehlen der Übereinstimmung nicht unverzüglich beanstandet.

a. Vertragsverletzung nach dem UN-Kaufrecht

Das UN-Kaufrecht kennt nur die Vertragsverletzung schlechthin, ohne zwischen Schadenersatz, Gewährleistung udgl. zu unterscheiden. Rechtsbehelfe stehen einer Partei nur zu, wenn eine wesentliche Vertragsverletzung vorliegt. Wesentlich ist eine Vertragsverletzung dann, wenn sie dazu führt, dass die Durchführung des Vertrages für den Gläubiger nicht mehr von Interesse ist und dies entweder vorausgesehen wurde oder für eine vernünftige Partei vorhersehbar war.

b. Sonstige Regelungen des Vertragsrechts im UN-Kaufrecht

Ansonsten gibt es nicht unbedingt wesentliche Unterschiede zum ABGB, mit Ausnahme der folgenden:

- Für den Verzug gelten keine besonderen Regeln, auch er ist eine Art der Vertragsverletzung;
- Bei Vertragsverletzung kann der Käufer auf Erfüllung bestehen oder Vertragsaufhebung begehren;
- Der Schadenersatz ist nach UN-Kaufrecht grundsätzlich verschuldensunabhängig, was aber durch Befreiungsgründe gemildert wird.

4. IPR-Gesetz

IPR steht für Internationales Privatrecht.

Das österreichische Gesetz über das internationale Privatrecht, das IPRG, ist ein nationales Gesetz, das lediglich Verweisungsnormen auf das jeweilig anzuwendende Recht enthält. Es regelt also selbst keine Belange wie das UN-Kaufrecht, sondern bestimmt das anzuwendende Recht. Nach Einführung der Rom-Verordnungen verbleibt nur mehr ein enger Anwendungsbereich, hauptsächlich bei familienrechtlichen Streitigkeiten (Scheidung und Ehegüteraufteilung).

XVIII. Schiedsgerichtsbarkeit

Die Vorteile der Schiedsgerichtsbarkeit sind

- schnellere Verfahrensdauer (so kann zB vereinbart werden, dass jede Woche eine Verhandlung stattfindet);
- spezialisierte Richter (die Parteien können sich gleich auf Sachverständige als Richter einigen);
- keine Öffentlichkeit (Schiedsgerichtsverfahren finden unter Ausschluss der Öffentlichkeit statt);
- Möglichkeit der Konzentration auf wenige Punkte, bei denen noch keine Einigung erzielt wurde (in Gerichtsverfahren muss der Richter in der Regel einmal alle Punkte durchprüfen);
- Schiedsgutachten in Verbindung mit Mediation (bewegliches System nach Erledigung strittiger Punkte durch ein Gutachten kann der Rest außergerichtlich erledigt werden)
- Internationale Vollstreckbarkeit (siehe Punkt D.)

A. Warum wird dann überhaupt noch geklagt?

Schiedsverfahren und Schiedsgutachterverfahren sind keinesfalls für die im täglichen Geschäftsbetrieb auftretenden Massenphänomene geeignet. Im Bereich der Forderungsbetreibung (Kunden zahlen einfach nicht) läuft das normale gerichtliche Verfahren entweder selbst oder über einen Rechtsanwalt betrieben völlig unproblematisch. Die kleine Zahl der Einsprüche, die zu einem gerichtlichen Verfahren führt, ist weder vorhersehbar noch steuerbar.

Ein Schiedsrichter zahlt sich weiters in der Regel nur bei höheren Streitwerten aus.

B. Schiedsklauseln

Schiedsklauseln des Internationalen Schiedsgerichtes der Wirtschaftskammer Österreich (Sitz in Wien) sowie des Schiedsgerichtshofs der Internationalen Handelskammer (Sitz in Paris) können zum Beispiel wie folgt formuliert sein:

> „Alle Streitigkeiten, die sich aus diesem Vertrag ergeben oder auf dessen Verletzung, Auflösung oder Nichtigkeit beziehen, werden nach der Schieds- und Schlichtungsordnung des Internationalen Schiedsgerichts der Wirtschaftskammer Österreich in Wien (Wiener Regeln) von einem oder mehreren gemäß diesen Regeln ernannten Schiedsrichtern endgültig entschieden."

> „Alle aus oder in Zusammenhang mit dem gegenwärtigen Vertrag sich ergebenden Streitigkeiten werden nach der Schiedsgerichtsordnung der Internationalen Handelskammer von einem oder mehreren gemäß dieser Ordnung ernannten Schiedsrichtern endgültig entschieden."

C. Zweckmäßige ergänzende Vereinbarungen

1. Anzahl und Auswahl der Schiedsrichter, anwendbares Recht und Sprache

Die Anzahl der Schiedsrichter beträgt .... (einer oder drei);

es ist .... materielles Recht anzuwenden; (Achtung: mögliche Anwendbarkeit des UN-Kaufrechts);

die im Schiedsverfahren zu verwendende Sprache ist ....

Ein ganz entscheidender Punkt ist auch die Zusammensetzung des Schiedsgerichtes. Dies in zweifacher Hinsicht:

Einerseits ist Vorsicht geboten, wenn ein Schiedsrichter auf irgendeine Art und Weise von einer Partei „ins Verfahren hineingeschmuggelt“ wird. Wenn aber andererseits der Schiedsrichter mittels Los aus irgendeiner Liste ermittelt wird und keiner der Parteien den Schiedsrichter kennt, kann dieser zwar objektiv ausgewählt aber „fachlich daneben“ sein. Nicht jeder Sachverständige, der in der Liste der Sachverständigen eingetragen ist, ist auch geeignet, Schiedsrichter zu sein.

Parteien, die den Schiedsvertrag als Unternehmer abgeschlossen haben, können auf die nachträgliche Anfechtung eines Schiedsspruches in Österreich aus den Gründen verzichten, aus denen ein gerichtliches Urteil mittels Wiederaufnahmeklage angefochten werden kann. Wenn dies gewünscht ist, wird folgender Zusatz empfohlen:

> „Auf die Anwendung des § 595 Abs. 1 Z. 7 des österreichischen Zivilprozessordnung (ZPO) wird gemäß § 598 Abs. 2 ZPO verzichtet.“

2. Empfohlene Schiedsgerichtsklauseln in weiteren Sprachen

a. Englisch

„All disputes arising out of or in connection with the present contract shall be finally settled under the Rules of Arbitration of the International Chamber of Commerce by one or more arbitrators appointed in accordance with the said Rules.“

b. Französisch

„Tours différends découlant du présent countrat ou en relation avec celuici seront tranchés définitivement suviant le Réglement d'Arbitrage de la Chambre de Commerce Internationale par un ou plusieurs arbitres nommés confermément á ce Réglement.“

c. Italienisch

„Tutte le controversie derivanti dal presente contratto o in relezione con o stesso saranno risolte in via definitiva secondo il Regolamento d'arbotrato della Camera di Commercio Internazionale, da uno o pió arbitri nominati in confomitá di detto Regolamento."

d. Spanisch

„Todas las desavenencias que deriven de este contrato o que guarden relación con éste serán resueltas definitivamente de acuerdo con el Reglamento de Arbitraje de la Cámera de Comercio Internacional por uno ó más árbitros nombrados conforme a este Reglamento."

D. Durchsetzung von Schiedssprüchen

Nach dem abgeschlossenen Schiedsverfahren ergeht in der Regel ein Schiedsspruch, es kann jedoch auch zu einem Vergleich in Schiedsverfahren kommen. Beide bilden nach Ablauf der Leistungsfrist wirksame Exekutionstitel.

Ein großer Vorteil von Schiedssprüchen ist, dass sie in über 120 Ländern auch vollstreckt werden können. Es bleibt einem also der langwierige Weg, im Ausland ein gerichtliches Urteil und somit ein Exekutionstitel zu erkämpfen, erspart. Grundsätzlich kann mit einem gültigen Schiedsspruch im jeweiligen Land nach den Regeln der dortigen nationalen Rechtsordnung Exekution geführt werden.

Das UN-Übereinkommen (New Yorker Übereinkommen) vom 10.6.1958 (BGBl. 1961/200) lautet wie folgt:

Ausländische Schiedssprüche stehen nach dem New Yorker Übereinkommen ihren Wirkungen inländischen Schiedssprüchen gleich. Österreich anerkennt und vollstreckt nach dem NYÜ jeden, woher immer stammenden ausländischen Schiedsspruch.

Nach dem NYÜ darf die Anerkennung und Vollstreckung nur aus folgenden Gründen versagt werden:

- bei mangelnder Rechtsfähigkeit der Partei nach ihrem Personalstatut,
- bei Ungültigkeit der Schiedsvereinbarung,
- wenn eine Partei von dem den Schiedsspruch zugrunde liegenden Schiedsverfahren nicht verständigt wurde (Grundsatz des fairen Verfahrens),
- bei Überschreitung schiedsrichterlicher Entscheidungsbefugnisse,
- wenn der Schiedsspruch für die Parteien noch nicht verbindlich ist,
- bei mangelnder objektiver Schiedsfähigkeit des Streitgegenstandes (Parteien müssen auch einen Vergleich abschließen können),
- wenn die Anerkennung und Vollstreckung des Schiedsspruchs dem ordre public des Vollstreckungslandes widersprechen würde.

Staaten, die das New Yorker Übereinkommen ratifiziert haben, ergeben sich aus Anhang 2. All die Staaten haben sich eben verpflichtet, ausländische Schiedssprüche wie inländische Urteile zu vollstrecken.

E. Schiedsvertrag und Schiedsgutachtervertrag

Die wesentliche Unterscheidung zwischen Schiedsvertrag und Schiedsgutachtervertrag ist jene, welche Verbindlichkeit bzw. welche Rechtsfolgen an das Ergebnis des Schiedsgutachtens bzw. den Schiedsspruch geknüpft sind.

Ein echter Schiedsspruch ist vollstreckbar wie ein Urteil (im internationalen Bereich möglicherweise sogar besser als ein Urteil), ein Schiedsgutachten kann nie vollstreckbar sein. Ein Schiedsgutachten kann jedoch eine feststellende Wirkung haben oder nicht. Diese Frage gehört im Schiedsgutachtervertrag jedenfalls geklärt, ebenso die Entlohnung des Schiedsgutachters und der Ablauf des Verfahrens.

Wenn einem Schiedsgutachten feststellende Wirkung zugebilligt wird, bedeutet dies, dass dessen Ergebnis hinsichtlich jener Fragen, über die das Schiedsgutachten eingeholt wurde, in einem anschließenden Zivilprozess nicht erneut Beweis aufgenommen wird. Der Richter hat das Ergebnis des Schiedsgutachtens der Urteilsbegründung zu Grunde zu legen. Ein Beispiel für einen Schiedsgutachtervertrag mit feststellender Wirkung befindet sich im Musterteil, ebenso wie ein Schiedsrichtervertrag.

F. ICC

Der ICC International Court of Arbitration ist heute weltweit die größte und erfahrenste Schiedsinstitution. Insbesondere durch seine weltweit angewandten und international akzeptierten ICC-Schiedsgerichtsregeln kann er die an ihn gestellten Anforderungen erfüllen. Es handelt sich um ein strukturiertes, effizientes und auf den Einzelfall abstimmbares Verfahren.

Seit der Gründung des ICC Schiedsgerichtshofs 1923 hat sich die ICC-Schiedsgerichtsbarkeit ständig weiter entwickelt, über 14.000 Verfahren wurden bisher abgewickelt. Derzeit werden ca. 800 Fälle mit Parteien aus 120 Ländern betreut, Schiedsverhandlungen finden in 43 Staaten statt und die Schiedsrichter kommen aus 58 verschiedenen Ländern.

Ein ICC-Schiedsverfahren muss jedenfalls dann vereinbart werden, wenn die Entscheidung der ansonsten in Frage kommenden staatlichen Gerichte mangels bi- oder multilateraler Vollstreckungsabkommen nicht vollstreckt werden könnte.

G. Vorteile von internationalen Schiedsklauseln, zu Gerichtsklauseln allgemein

Beispiel

Eine Firma aus Österreich schließt einen Vertrag mit einer Firma aus Paraguay (außerhalb EU/EWR/Schweiz/kein bilateraler Vertrag) ab. Aus diversen Gründen erfüllt der Geschäftspartner aus Paraguay seine Vertragsverpflichtungen nicht. Alle Versuche, die Sache durch Verhandlungen zu bereinigen, scheitern.

Die Forderung muss in Paraguay eingeklagt werden. Das dortige Rechtssystem entspricht nur teilweise den internationalen Rechtsstandards, die Richter haben nicht unbedingt die von uns gewünschte Unabhängigkeit und oft keine oder nur äußerst geringe Erfahrung mit Gebräuchen der internationalen Wirtschaft.

Der Prozess wird in spanisch abgewickelt. Hohe Kosten fallen an – nicht zuletzt wegen der Notwenigkeit von Dolmetschern und der Übersetzung von Dokumenten. Ein Rechtsanwalt in Paraguay muss engagiert werden. Die Verhandlung ist öffentlich, jeder Konkurrent kann wertvolle Informationen in Erfahrung bringen. Das Verfahren dauert 3–5 Jahre, bei Einlegung einer Berufung sogar 5–10 Jahre.

Ein österreichischer Gerichtsstand nützt zumeist wenig, weil Urteile von österreichischen Gerichten bereits außerhalb der EU kaum mehr durchgesetzt werden können.

All diese Schwierigkeiten könnte die österreichische Firma vermeiden, wenn sie eine gute Schiedsgerichtsklausel in den Vertrag aufnimmt. Diese ist nämlich meist genauso wichtig wie die Garantieklausel oder die Zahlungskonditionen. Vor allem die Durchsetzbarkeit von internationalen Schiedssprüchen ist durch internationale Konventionen abgesichert.

Die Parteien können/sollten die Schiedsrichter, den Schiedsgerichtsort, das anwendbare Recht (sofern nicht gesondert vereinbart) und die Sprache frei wählen. ICC-Schiedsgerichtsverfahren sind daher international und unabhängig von nationalen Verfahrensbestimmungen.

Auch der Ort der Schiedsverfahren ist nicht auf den Hauptsitz der Internationalen Handelskammer in Paris beschränkt, sondern durch Vereinbarung der Vertragsparteien frei wählbar.

Der ICC-Schiedsgerichtshof überwacht im Schiedsverfahren die Unabhängigkeit der Schiedsrichter. Weiters spielt der Gerichtshof eine wichtige organisatorische Rolle, hilft, Verzögerungstaktiken hintanzuhalten und erleichtert die Kommunikation zwischen den Parteien und die Arbeit der Schiedsrichter.

Der Schiedsgerichtshof garantiert daher Geschwindigkeit und Qualität der Verfahren.

XIX. Konfliktlösungsmodelle

A. Allgemein

Man muss nicht immer sofort „zu Gericht“ laufen, es gibt auch andere Konfliktlösungsstrategien, die es zwar schon immer gegeben hat, die aber in den letzten zwei Jahrzehnten teilweise durch neue Namen richtig „modern“ wurden.

Einer der bekanntesten Konfliktforscher, *Friedrich Glasl*, unterscheidet neun Eskalationsstufen (Eskalationsstufen nach *Friedrich Glasl*, 1992). Diese neun Eskalationsstufen ordnet er drei großen Bereichen zu, je nachdem, ob beide Konfliktpartner gewinnen, ob nur einer gewinnt oder ob beide verlieren. Welche Konfliktlösungsstrategie gewählt wird, hängt stark auch davon, auf welcher Eskalationsstufe sich der Konflikt gerade befindet.

„Die Kellertreppe der Entzivilisierung“

1 **Verhärtung**	2 **Debatte**	3 **Taten**	4 **Images + Koalitionen**	5 **Gesichtsverlust**	6 **Drohstrategie**	7 **begrenzte Vernichtungsschläge**	8 **Zersplitterung**	9 **Abgrund**
zeitweilige Ausrutscher Verkrampfung Bewusstsein der Spannung erzeugt Krampf Überzeugung: Spannungen durch Gespräch lösbar noch keine starren Lager oder Parteien	Polarisation im Denken, Fühlen und Wollen, Schwarz-Weiß-Denken verbale Gewalt Reden zur Tribüne über Dritte Taktiken: rational	Reden hilft nichts mehr Strategie der vollendeten Tatsachen Diskrepanz verbales-nonverbales Verhalten überwiegt Misstrauen, „pessimistische Antizipation“	Image, Kampagnen Gerüchte einander in negative Rollen manövrieren Werben um Anhänger self-fulfilling prophecies durch Perzeptionsfixierung	Ausstoßen + Verbannen Isolation Echohöhle sozialer Autismus Ekel Ideologie, Werte, Prinzipien öffentlich + direkt: Gesichtsangriffe Engel/Teufel als Bild inszenierte „Demaskierungsaktion“	Drohung Gegendrohung Ultimaten Stolperdrähte Selbstbindungsaktionen Stress	Denken in „Dingkategorien“ keine menschliche Qualität mehr passende Antwort: begrenzte Vernichtungsschläge Umkehren der Worte ins Gegenteil: kleiner eigener Schaden = Gewinn	Paralysieren des feindlichen Systems Abschnüren des Gegners vom Hinterland vitale Systemfaktoren zerstören – dadurch System unsteuerbar	kein Weg zurück totale Konfrontation Vernichtung zum Preis der Selbstvernichtung
Gewinner – Gewinner			Gewinner – Verlierer			Verlierer – Verlierer		

Zur Lösung der Konflikte auf den verschiedenen Eskalationsstufen stehen– grob zusammengefasst – folgende Instrumente zur Verfügung:

- Moderation Gesprächsbegleitung (Stufe 1–3)
- Mediation (Stufe 1–6)
- Schiedsgutachtervertrag (Stufe 1–6)
- Schiedsvertrag (Stufe 1–9)
- ordentliches Verfahren (= vor Gericht) (Stufe 1–9)

Eine Einteilung, welche Konfliktlösungsstragegie für welche Stufe des Konfliktes geeignet sind, erfolgte nach meiner Erfahrung. Dies ist nicht unumstößlich, sicher ist jedoch, dass man Mediation versuchen kann, wenn bestimmte Eskalationsstufen noch nicht erreicht sind. Es ist nicht von Nachteil, zuerst „weichere Konfliktlösungsstrategien" zu versuchen. Selbst wenn das Endergebnis nicht die „Lösung" des Konfliktes ist, kann der Einsatz von Mediation zur Aufweichung harter Fronten führen.

Lediglich bei jenen Eskalationsstufen, bei denen es um die „Lahmlegung des Gegner" geht, kann es nur mehr Schiedsverfahren oder Gerichtsverfahren geben.

B. Mediation

Trotz des Umstandes, dass Mediation in aller Munde ist, hat sie sich in Österreich noch nicht wirklich durchgesetzt.

Gründe können sein

- eine völlig andere Streitkultur (in Österreich haben wir einen funktionierenden Rechtsstaat mit vorhersehbaren Urteilen);
- größere Autoritätsgläubigkeit als im angloamerikanischen Raum („Was der Kaiser/Höchstrichter sagt ist recht/Recht!");
- die fehlende Eigenverantwortlichkeit der Bevölkerung („Der Sozialstaat regelt alles – auch unsere Konflikte –, und das von der Wiege bis zur Bahre!").

Es soll jedoch nicht unterschätzt werden, dass die Beschäftigung mit Mediation auch im Berufszweig des Rechtsanwaltes dazu führt, dass mediatives Gedankengut in die Köpfe vieler bei Konflikten involvierter Personen Eingang gefunden hat. „Mediatives Denken" in Verhandlungen kann zu konstruktiven Lösungen führen.

1. Historische Wurzeln der Mediation

Als Konfliktlösungsmodell hat Mediation schon eine lange Tradition. Unter anderem wurden solche Verfahren im Ostasiatischen Raum (Japan und China) zur Lösung verschiedenster Konflikte herangezogen. So ist in Japan die Anzahl der Konflikte, die vor Gerichten ausgetragen werden, äußerst gering. Bei Asiaten haben im Prinzip schon beide verloren, wenn es notwendig, wird, einen

Konflikt vor Gericht auszutragen, da beide in ihrer Lösungskompetenz gescheitert sind.

Interessant ist jedoch, dass die Mediation gerade in dem Teil der Welt den Durchbruch schaffte, der einen völlig entgegengesetzten Konfliktlösungsansatz hat: In den Vereinigten Staaten steht sicherlich der „Kampf ums Recht" im Vordergrund. Aufgrund des mangelnden Vertrauens der Amerikaner in das eigene oft nicht nachvollziehbar agierende Justizsystem, der hohen mit einem Rechtsstreit für Unternehmer verbundenen Kosten und auch aufgrund der hohen Eigenverantwortlichkeit (Land der unbegrenzten Möglichkeiten – in beide Richtungen!) konnte sich trotz völlig unterschiedlicher Kultur die Mediation in den Vereinigten Staaten durchsetzen.

2. Ziele der Mediation

Ziel einer Mediation ist eine im Konsens erfolgte konkrete Vereinbarung. Das Prinzip der Selbstbestimmung der Beteiligten steht über allem. Lösungen sind nur dann Lösungen, wenn sie von jedem einzelnen der Beteiligten als solche angenommen werden können.

In Konflikten sind oft die Gesprächsbereitschaft und die Möglichkeit, miteinander konstruktiv zu kommunizieren, beeinträchtigt. Aufgabe des Mediators ist es, dass alle Beteiligten gehört, respektiert und ihre Anliegen ernst genommen werden. Werte und Interessen sollen genauso zur Sprache gebracht werden wie sachliche Inhalte. Idealerweise sollten die Dissonanzen auf emotionaler Ebene aufgelöst werden.

Durch eine faire Erörterung der Interessen und Werte ist die Wahrscheinlichkeit höher, dass die Vereinbarungen auch eingehalten werden.

Voraussetzungen für Mediation

- Motivation zur Mediation von allen Beteiligten (Freiwilligkeit)
- Eigenverantwortung aller Beteiligten (jeder kann für sich sprechen)
- Bereitschaft zur Uneinigkeit (Konflikte, Sachlagen offen legen – offen sprechen)

- Prinzipielle Bereitschaft zur Einigung (Interesse an der Überwindung des Konflikts)

Diese Voraussetzungen für die Mediation sind auch gleichzeitig ihre Grenze. Wer nur durch eine Vertragsklausel zur Mediation gezwungen wird und grundsätzlich nichts davon hält, wird sie bei der ersten Möglichkeit abbrechen.

3. Ablauf einer Mediation

Nachstehend der Ablauf einer Mediation, deren einzelne Schritte und die Rollen der jeweiligen Parteien:

Festlegung der Umgangsregeln

Zu Beginn sollte man einen Mediationsvertrag abschließen, in dem gewisse grundlegende Umgangsformen festgelegt werden.

Das betrifft nicht nur verbale Umgangsregeln (keine Beschimpfungen ...) sondern auch die Bereitschaft zur Offenlegung der relevanten Fakten und Unterlagen. Des Weiteren sollen während der Mediation die anderen „Bühnen" (wie zB Gericht) ruhen und dürfen Informationen aus der Mediation vor Gericht nicht verwendet werden. Weiters muss klargestellt werden, dass jeder jederzeit aus der Mediation aussteigen kann, wenn er diese nicht mehr für sinnvoll empfindet.

Auf Interessen und nicht Positionen konzentrieren

Ein ganz schwieriger Teil vieler Verhandlungen ist die Differenzierung zwischen Positionen und Interessen. Wenn jemand sagt „Ich will, dass diese Hütte abgerissen wird!" ist das eine Position. Aber welches Interesse steckt wirklich dahinter?

Sowohl in Verhandlungen mit oder ohne Mediator ist die Kernfrage oft „Was steckt tatsächlich dahinter?"

Das Komplexe darin ist, dass Interessen nur durch lästiges Nachfragen in Erfahrung gebracht werden können („Stellen Sie sich vor, ..., Gehen wir davon aus, es wäre ...? was würden Sie dann dazu sagen?"). Durch die vielen „Fragen" kann aber das Beziehungsklima vergiftet werden.

Entwickeln von Optionen für win-win

Wenn es optimal läuft, können die Konfliktparteien, nachdem Sie die Interessen des anderen gehört haben, Entscheidungsmöglichkeiten entwickeln, die zum beiderseitigen Vorteil sind.

Falls bestimmte offene Fragen überhaupt nicht gelöst werden können, kann es hilfreich sein, neutrale Beurteilungskriterien (zB Schiedsgutachter) einzuführen.

Abschließende Vereinbarung

Ziel einer jeden Mediation ist es, zu einer (durchsetzbaren) Vereinbarung zu kommen.

Hier scheiden sich die Geister. Während die Juristen zumeist wollen, dass die Vereinbarung hundertprozentig durchsetzbar ist, glauben die Nichtjuristen unter den Mediatoren oft, dass die Vereinbarung ohnehin von allen getragen (Gentlemen agreement) und deshalb eingehalten wird.

XX. Vertragsmuster

A. Kaufvertrag

Vertrag

abgeschlossen zwischen

1. Max MUSTERMANN
geb. am TT.MM.JJJJ, Strasse, Hausnummer, PLZ, Ort
als Verkäufer einerseits

sowie

2. Jakob NACHNAME
geb. am TT.MM.JJJJ, Strasse, Hausnummer, PLZ, Ort
als Käufer andererseits

wie folgt:

1. Der Verkäufer ist grundbücherlicher Eigentümer von *XXX* Anteilen ob der Liegenschaft EZ *XX*, Grundbuch *XXX*, *Grundbuchsgericht XXX*, (B-LNR *X*), mit denen Wohnungseigentum an W *XX* verbunden ist. Die Adresse lautet *Straße, Nr.*

Hierbei handelt es sich um den Vertragsgegenstand.

Die Wohnung Top *XX* ist ca. *XX* m² groß. Sie besteht aus *XX* Zimmern, *X* Bad, 1 WC sowie einem Kellerabteil in der Größe von *X* m², verlegt sind Laminatböden. Die Küche wird zur Gänze vom Verkäufer entsorgt.

2. Der Verkäufer verkauft nun diesen unter Pkt. I. genannten Vertragsgegenstand an den Käufer und dieser kauft denselben vom Verkäufer.

3. Der Barkaufpreis beträgt € **250.000,– (in Worten: Euro zweihundertfünfzigtausend/00)**.

   Der Barkaufpreis wird binnen 14 Tagen nach Unterfertigung des gegenständlichen Kaufvertrages durch den letztunterfertigenden Vertragsteil auf das Anderkonto des Vertragserrichters, Poduschka Anwaltsgesellschaft mbH, bei der Raiffeisenbank Perg, BLZ *XXX*, Kontonummer *XXX*, Bezeichnung Nachname/Mustermann erlegt.

   Der Vertragsverfasser wird von beiden Vertragsteilen einseitig unwiderruflich beauftragt, die Kaufpreisvaluten in Empfang zu nehmen und nach grundbücherlicher Sicherstellung des Käufers mittels Anmerkung der Rangordnung der beabsichtigten Veräußerung und Vorliegen sämtlicher für die Einverleibung des Eigentumsrechtes notwendigen Urkunden an den Käufer zur Auszahlung zu bringen. Ein Nachweis der Zahlung gegenüber dem Grundbuchsgericht ist nicht erforderlich.

   Die auf dem Treuhandkonto anfallenden Habenzinsen kommen dem Verkäufer zu, dieser trägt auch die Kontoführungsspesen.

4. 4.1 Die Übergabe und Übernahme des Vertragsobjektes erfolgt innerhalb von 14 Tagen nach Überweisung des Kaufpreises an den Verkäufer. Es gehen daher von diesem Zeitpunkt angefangen alle Nutzungen und Rechte, aber auch Gefahren und Lasten auf den Käufer über. Derselbe Zeitpunkt ist auch Stichtag für die Verrechnung der mit dem

Besitz des Kaufobjektes verbundenen Steuern, Gebühren und Abgaben aller Art.

4.2 Der Verkäufer erklärt ausdrücklich, dass für das Kaufobjekt jedenfalls bis zum vereinbarten Übergabezeitpunkt eine angemessene Objektversicherung besteht und verpflichtet sich, die diesbezügliche Polizze samt Nachweis der Prämienzahlungen an den Käufer zu übergeben. Der Käufer wurde über Eintritt in den Versicherungsvertrag sowie die diesbezügliche Kündigungsmöglichkeit belehrt.

4.3 Der Verkäufer haftet für keine bestimmte Beschaffenheit, Größe und Eigenschaft des Vertragsobjektes, wohl aber für die Freiheit von bücherlichen und außerbücherlichen Lasten.

4.4 Die Vertragsparteien erklären ausdrücklich, dass der Vertragsgegenstand eine dem Alter und der Art des Objektes entsprechende Gesamtenergieeffizienz aufweist.

5. Der Verkäufer erklärt an Eides statt, italienischer Staatsbürger zu sein, der Käufer erklärt an Eides statt, russischer Staatsbürger zu sein.

   Der gegenständliche Vertrag ist daher durch die grundverkehrsbehördliche Genehmigung aufschiebend bedingt.

6. Die Vertragsparteien haben sich über den Wert des kaufgegenständlichen Objektes und die zu entrichtenden Gegenleistungen informiert und erklären, dieses Verhältnis als angemessen anzusehen. Falls dies nicht der Fall sein sollte, erklärt der Käufer schon jetzt, das gegenständliche Rechtsgeschäft aus besonderer Vorliebe tätigen zu wollen. Sie verzichten weiters auf Anfechtung des gegenständlichen Geschäfts wegen Irrtums.

7. Die mit der Errichtung und grundbücherlichen Durchführung dieses Vertrages verbundenen Kosten, Gebühren und Abgaben trägt der Käufer, der auch den Auftrag erteilt hat. Die persönlichen Steuern und Abgaben trägt jeder Vertragsteil selbst. Es besteht zwischen den Vertragsteilen Einvernehmen, dass der

Schriftenverfasser die Vertragsdurchführung besorgt, ein Auftragswiderruf kann nur durch alle Vertragsparteien erfolgen.

Zur Abgeltung des Honorars des Vertragserrichters und Treuhänders für die Errichtung dieses Vertrages sowie für alle sonstigen, dem Treuhänder nach Maßgabe dieses Vertrages obliegenden Leistungen, verpflichtet sich der Käufer, einen Pauschalbetrag in der Höhe von € *XXX* (enthält die gesetzliche USt in der Höhe von € *XXX*) zu entrichten. Das Honorar des Vertragserrichters sowie die jeweils auflaufenden Barauslagen sind binnen 14 Tagen nach erfolgter Aufforderung zu ersetzen.

8. Sämtliche Vertragsteile bevollmächtigen hiermit den Vertragsverfasser, Mag. Michael Poduschka, Leharstraße 6, 4320 Perg, sämtliche mit der grundbücherlichen Durchführung des Vertrages zusammenhängende Eingaben und Anträge einzubringen, Aufsandungserklärungen abzugeben, allfällige Änderungen vorzunehmen, Bescheide und Beschlüsse entgegen zu nehmen und in diesem Rahmen erforderlich erscheinende Rechtsmittel zu ergreifen.

9. Sohin erteilen sämtliche Vertragsparteien ihre ausdrückliche Einwilligung, dass auf Grund dieser Urkunden ob der Liegenschaft EZ *XX*, Grundbuch *XX*, Grundbuchsgericht *XX*, zu *XX/XXXX* Anteilen, verbunden mit Wohnungseigentum an W *XX* (B-LNR *X*), das Eigentumsrecht für

Max Mustermann, geb. am TT.MM.JJJJ

einverleibt werden kann.

____

Jakob Nachname, geb. am TT.MM.JJJJ

____

Max Mustermann, geb. am TT.MM.JJJJ

B. Testament

Ich, Petra Mustermann, geboren am 16.07.1932, Musterstraße 113, 1234 Mustering, errichte hiermit am heutigen Tage im Zustand der vollen Besonnenheit mit Überlegung und Ernst, frei von Zwang und Betrug und wesentlichem Irrtum, sowie nach reiflicher Überlegung nachfolgende

Letztwillige Verfügung

1. Ich widerrufe allfällige frühere letzwillige Anordnungen dem gesamten Inhalt nach.
2. Ich setze meine einzige Tochter Beate Mustermann, geboren am 23.01.1960, Mustergasse 17, 1234 Mustering, zu meiner Alleinerbin ein.
3. Meinem Lebensgefährten, Herrn Friedrich Bambam, geboren am 03.12.1942, Musterstraße 113, 1234 Mustering, vermache ich jedoch das zu verbüchernde, lebenslange und unentgeltliche Wohnungsgebrauchsrecht am Gebäude Musterstraße 113, EZ 123, 12345 Mustering, BG Musterhausen.

Dies ist mein letzter Wille.

Dieses Testament habe ich selbst gelesen und in gleichzeitiger und ununterbrochener Gegenwart der gefertigten und ersuchten Zeugen als letzten Willen erklärt, dass dieser Aufsatz mein Testament darstellt.

Ich habe sohin dieses Testament vor den drei Zeugen eigenhändig unterschrieben und haben auch diese Zeugen dieses Schriftstück mit einem auf ihre Zeugeneigenschaft hinweisenden Zusatz unterfertigt.

____

Ort, Datum

____

Petra Mustermann, geb. am 16.07.1932

1. Zeuge:

2. Zeuge:

3. Zeuge:

C. Schiedsgutachtervertrag

abgeschlossen zwischen

dem Schiedsgutachter

DI Manfred S., allgemein beeideter und gerichtlich zertifizierter Sachverständiger, 4320 Perg, Eisenstraße 13

sowie den Streitparteien

Bauunternehmen W. Gesellschaft mbH, Falkenweg 19, 4020 Linz, vertreten durch Dr. Peter P., Rechtsanwalt in Linz, im Folgenden Firma W. genannt,

und

der Marktgemeinde A., Stadtplatz 2, 4320 Perg, vertreten durch Mag. Michael P., Rechtsanwalt in Perg.

wie folgt:

I. Der Schiedsfall

Die Firma W. wurde mit Auftrag vom 12. Mai 2010 mit Baumeisterarbeiten im Zusammenhang mit der Errichtung der „Krabbelstube A.“ beauftragt. Diese Arbeiten wurden Ende des Jahres 2010 großteils fertiggestellt und wurde hierüber von der Firma W. am 20. Dezember 2010 eine vierte Teilrechnung Nr. 40263 und am 29. Dezember 2010 eine Schlussrechnung Nr. 68062 gelegt. Diese beiden Rechnungen wurden von der Marktgemeinde A. in großem Umfang korrigiert und betrifft der gegenständliche Schiedsfall die Differenz zwischen den von der Firma W. verrechneten und den der Marktgemeinde A. anerkannten Leistungen. Der Schiedsgutachter wird von den Streitparteien hiemit beauftragt, ein feststellendes Schiedsgutachten darüber zu erstatten, ob und bejahendenfalls in welchem Umfang die von der Marktgemeinde A. durchgeführten Streichungen berechtigt sind oder nicht. Das Schiedsgutachten hat im Ergebnis festzustellen, ob von der Marktgemeinde A. aus dem Bauvorhaben Krabbelstube A. neben dem bisher geleisteten Betrag ein weiterer Betrag nachzuzahlen ist und wenn ja in welcher Höhe.

Beide Streitparteien erklären das vom Gutachter errechnete Ergebnis jedenfalls als für sie verbindlich anzuerkennen.

II. Der Schiedsgutachter

1. Der nominierte Schiedsgutachter, DI Manfred S., nimmt das Schiedsamt an.
2. Der Schiedsgutachter erklärt, dass er zu keiner der Streitparteien in einem rechtlichen oder wirtschaftlichen Naheverhältnis steht, das die Annahme seiner Befangenheit rechtfertigen würde.

III. Kosten des Verfahrens

1. Der Schiedsgutachter erhält für seine Tätigkeit eine Vergütung von € 200,– plus USt pro Stunde. Weiters hat er Anspruch auf Auszahlung von Nebenkosten iS von § 9 AHR.
2. Die Fälligkeit des Vergütungsanspruches tritt mit Verkündung des mündlichen Gutachtens bzw. – wenn ein solches verlangt wird – mit Zustellung des schriftlichen Gutachtens ein.
3. Die Streitparteien kommen überein, die Kosten des Schiedsgutachters sowie allenfalls anfallende Gebühren im Verhältnis 1:1 zu tragen, die Kosten für rechtsfreundliche Beratung und Vertretung sind von den Streitparteien direkt mit den von ihnen beauftragten Rechtsvertretern zu verrechnen. Auch die schon bisher im Rahmen der Beweissicherung angefallenen Kosten sind in diesem Verhältnis zu teilen.
4. Der Schiedsgutachter ist berechtigt in jedem Verfahrenszeitpunkt zur Deckung der voraussichtlichen Vergütungsansprüche einen Kostenvorschuss einzufordern, der von den Streitparteien je zur Hälfte zu erlegen ist.

IV. Ablauf

1. Die Marktgemeinde A. wird innerhalb einer Frist von 14 Tagen ab Unterfertigung des gegenständlichen Vertrages durch sämtliche Parteien im Rahmen eines vorbereitenden Schriftsat-

zes ihre Argumente darlegen, die zur Korrektur der verrechneten Leistungen geführt haben, sowie diesbezügliche Beweismittel vorlegen.

2. Eine Gleichschrift dieses Schriftsatzes samt den angeschlossenen Unterlagen wird an Dr. Peter P., übermittelt.

   Nach Erhalt dieser Unterlagen wird die Firma W. innerhalb einer weiteren Frist von 14 Tagen hiezu zweifach (einfach an DI S., Gleichschrift an Mag. P.) Stellung beziehen.

3. Daraufhin wird der Schiedsgutachter mit beiden Parteien Kontakt aufnehmen und versuchen, einen für die Streitparteien und deren Rechtsvertreter passenden Termin zu vereinbaren, der innerhalb von zwei Monaten ab Einlangen der Stellungnahme der Firma W. beim Schiedsgutachter zu liegen hat. Ist eine solche Terminvereinbarung mit den Parteien nicht möglich, so ist der Schiedsgutachter berechtigt und verpflichtet, von sich aus einen innerhalb dieser Zwei-Monats-Frist liegenden Termin festzusetzen; nur wenn beide Streitparteien und der Schiedsgutachter sich auf einen außerhalb dieser Zwei-Monats-Frist liegenden Termin einigen, darf diese Zwei-Monats-Frist überschritten werden. Als Verhandlungsort wird schon jetzt das Marktgemeindeamt A. bestimmt. Es obliegt den Streitparteien selbst, die zum Nachweis der Richtigkeit ihrer Standpunkte erforderlichen Zeugen namhaft zu machen und zur Verhandlung mitzubringen.

4. Zu Beginn der Verhandlung besteht für die Marktgemeinde A. die Möglichkeit, auf den Schriftsatz der Firma W. zu erwidern, sodann hat diese die Möglichkeit, hiezu ein Gegenvorbringen zu erstatten. Der Schiedsgutachter protokolliert auf ihm geeignet erscheinende Weise, zB mit Tonband, zusammenfassend den Gang der mündlichen Verhandlung so wie dies in einem Zivilprozess geschieht. Dieses Protokoll ist in Vollschrift zu übertragen.

5. Nach Erstattung der Parteienvorbringen und Einvernahme der Zeugen hat der Schiedsgutachter seine gutachterliche Meinung den Parteien bekanntzugeben und diesen Gelegenheit zur Erörterung einzuräumen; zweckmäßigkeitshalber wird dies nach

jedem einzelnen Streitpunkt erfolgen. Grundsätzlich ist geplant, dass die Verhandlung acht Stunden dauert, falls es der Schiedsgutachter jedoch für notwendig hält, ist eine Erstreckung der Verhandlung möglich.

V. Schiedsgutachten

Am Ende der mündlichen Verhandlung wird der Schiedsgutachter zusammenfassend seine gutachterliche Meinung verkünden, die auch ein konkretes ziffernmäßig bestimmtes Endergebnis zu umfassen hat. Falls die Streitparteien dies binnen drei Tagen nach Verkündigung des Endergebnisses vom Schiedsgutachter verlangen, wird er sein Schiedsgutachten mit eingehender Begründung innerhalb eines Monats schriftlich ausfertigen und den Streitparteien zustellen.

Beide Streitparteien anerkennen schon jetzt die feststellende Wirkung des Schiedsgutachtens im Sinne des Punktes I.

VI. Auslegungshilfe

Die Streitparteien und der Schiedsgutachter streben übereinstimmend ein faires und objektives Verfahren an. Sollte es zu Meinungsverschiedenheiten über die Vorgangsweise kommen, so sind diese so zu lösen, wie dies in einem Zivilprozess von dem ordentlichen Gericht in der Praxis geschieht (Beispiel: Fragen der Parteien an einen Zeugen sind zulässig, soweit sie zur Sache gehören. Die Antwort des Zeugen ist sinngemäß zu protokollieren.).

....

(DI Manfred S.)

(Bauunternehmen
W. Gesellschaft mbH)

....

(Marktgemeinde A.)

D. Schiedsrichtervertrag

abgeschlossen zwischen

den Schiedsrichtern:

Univ. prof. Dr. Michael H., 4320 Perg, Richterstraße 2
DI Manfred S., Eichenweg 7, 4320 Perg
DI Norbert D. Fuchsenweg 56, 4320 Perg

einerseits

und den Streitparteien

Firma DI W. Hochbau GesmbH, 4320 Perg

und

Marktgemeinde D. 4320 Perg

andererseits

Der Schiedsfall

§ **1.** (1) Die Streitparteien sind im Schiedsvertrag VOM 13.6. 2008 betreffend ABA D. BA 28-BZ05, sowie im Schiedsvertrag vom 18. 8.2008 betreffen WVA D: BA 08/BZ09, übereingekommen, alle Streitigkeiten aus dem jeweiligen Vertrag und aus allfälligen Nachtragsverträgen hiezu unter Ausschluss des ordentlichen Gerichtes einem Schiedsgericht zur Entscheidung vorzulegen.

Gemäß jeweils Punkt II der Schiedsverträge vom 13.6.2008 soll das Schiedsgericht aus drei Mitgliedern bestehen. es wird in der Weise einberufen, dass jener Vertragsteil, welcher eine Entscheidung herbeiführen will (Kläger) einen Schiedsrichter namhaft macht und diesen mittels eingeschriebenen Briefes dam anderen Vertragsteil bekannt gibt. Der andere Vertragsteil hat innerhalb einer Frist von 14 Tagen ebenfalls einen Schiedsrichter namhaft zu machen und diesen ebenfalls mittels eingeschriebenen Briefes dem Kläger bekannt zu geben.

Mit Schreiben ihres Rechtsvertreters RA Mag. Michael Poduschka, Dr. Schoberstraße 25, 4320 Perg, vom 16.8.2008 hat die Firma DI W. Hochbau GmbH, 4320 Perg, der Marktgemeinde D. Burggasse 52, 4320 Perg, bekannt gegeben, dass sie gemäß Punkt II der Schiedsverträge vom 13.6.2008 als Schiedsrichter für das Schiedsverfahren Herrn DI Manfred, S. Eichenweg 7, 4320 Perg, namhaft macht. Mit Schreiben vom 28.5.2008 hat die Marktgemeinde D. Burggasse 52, 4320 Perg, bekannt gegeben, dass sie für das Schiedsverfahren Herrn DI Norbert D., Fuchsenweg 56, 4320 Perg als Schiedsrichter nominiert.

Die Schiedsrichter

§ **2.** (1) Die nominierten Schiedsrichter DI Manfred S. und DI Norbert D. nehmen das Schiedsamt an.

Univ. Prof. Dr. Michael H. nimmt die Wahl zum Vorsitzenden des Schiedsgerichtes an.

Die Streitparteien anerkennen, das die Nominierung der Schiedsrichter vertragsgemäß und fristgerecht erfolgte.

Die Streitparteien anerkennen, dass die nominierten Schiedsrichter Herr Univ. Prof Dr. Michael H. vertragsgemäß und fristgerecht zum Vorsitzenden des Schiedsgerichtes gewählt haben.

Die Schiedsrichter erklären, dass sie zu keiner der Streitparteien in einem rechtlichen oder wirtschaftlichen Naheverhältnis stehen, das die Annahme einer Befangenheit rechtfertigen würde.

Die Streitparteien erklären sich mit der Bestellung der nominierten Schiedsrichter du der Wahl des Vorsitzenden gemeinschaftlich einverstanden (§ 586 Abs 2 ZPO) und sehen keinen Grund für eine Ablehnung eines Schiedsrichters. Die Streitparteien lehnen daher weder einen nominierten Schiedsrichter noch den Vorsitzenden des Schiedsgerichtes ab.

Verweigerung der Amtsausübung, Verzögerungen oder Ausfall eines Schiedsrichters

§ **3.** (1) Verweigert ein Schiedsrichter die Ausübung seines Amtes, kommt es durch einen Schiedsrichter zu ungebührlichen Verzögerungen in der Amtsausübung oder fällt ein Schiedsrichter aus welchem Grunde immer endgültig aus, so ist ein Ersatzschiedsrichter zu bestellen.

(2) Die Bestellung eines Ersatzschiedsrichter erfolgt in sinngemäßer Anwendung der Bestellungsregeln des zwischen den Streitparteien geschlossenen Schiedsvertrages.

Kommt ein Schiedsspruch aus Gründen, die in der Sphäre des Schiedsgerichts liegen, nicht zu Stande, so gilt dies als Ausfall aller Schiedsrichter.

Sitz des Schiedgerichtes

§ **4.** (1) Sitz des Schiedsgerichtes ist in Abänderung der Schiedsverträge vom 13.6.2008 Perg.

(2) Schriftsätze und sonstige Mitteilungen an das Schiedsgericht sind an den Vorsitzenden des Schiedsgerichtes, Univ. Prof. Dr. Michael H. Richterstraße 2, 4320 Perg, zu richten.

(3) Verhandlungsort des Schiedsgerichts ist das Stadtamt P. in 4320 Perg zu richten.

Konstituierung des Schiedsgerichtes

§ **5.** (1) Das Schiedsgericht ist konstituiert, sobald der Schiedsrichtervertrag in Kraft getreten ist.

(2) Die Streitparteien werden unverzüglich von der Konstituierung des Schiedsgerichtes verständigt.

Kosten des Schiedsverfahrens

§ **6.** (1) jeder Schiedsrichter erhält für seine Tätigkeit eine Vergütung (Honorar und Aufwandersatz zzgl. 20% USt).

(2) Für Verhandlungen und Beratungen des Schiedsgerichts sowie Ausarbeitung eine Schiedsvergleiches gebührt jedem Schiedsrichter als Honorar der Betrag nach den einschlägigen Bestimmungen des Rechtsanwaltstarifgesetzes auf Basis der Tarifpost 3 A zzgl. 50 % Einheitssatz zzgl. 20% USt. Für die Ausarbeitung des Schiedsspruchs gebührt der Betrag nach den einschlägigen Bestimmungen des Rechtsanwaltstarifsgesetzes auf Basis der Tarifpost 3 C zzgl. 50% Einheitssatz zzgl. 2% USt.

(3) Dem Vorsitzenden gebührt ein Zuschlag von 25% auf das Honorar eines Schiedsrichters. Die administrative Betreuung des Schiedsverfahrens sowie Beistellung eines Schriftführers und die Abfassung von Protokollen übernimmt der Vorsitzende zu Lasten seines Honorars.

Reise- und Aufenthaltskosten der auswärtigen Schiedsrichter sowie Porti, Kopier-, Fax-, Telefon- und Raumkosten bzw. deren Ersatz sind an die Stadtgemeinde P. und damit als Aufwandersatz zu entgelten.

Die Fälligkeit der Vergütungsansprüche der Schiedsrichter tritt mit Erlassung des Schiedsspruches, mit Abschluss eines Vergleiches, mit Eintritt ewigen Ruhens oder Rückziehung der Klage ein.

Honorar und Aufwandersatz des Schiedsrichter umfassen weder Kosten für Sachverständige, die auf Grund von Parteienanträgen oder auf Grund Beschlusses des Schiedsgerichtes im Laufe des Verfahrens beigezogen werden, noch sonstige Kosten etwaiger Beweisaufnahmen. Auch allfällige Kosten für rechtsfreundliche Beratung und Vertretung sowie allenfalls anfallende Gebühren sind von den Streitparteien gesondert zu bezahlen und mit den jeweils Anspruchsberechtigen direkt zu verrechnen.

Die Streitparteien kommen überein, dass sie die Kosten des Schiedsverfahrens nach Maß ihres Unterliegens tragen. Das Schiedsgericht entscheidet, welche Streitpartei in welchem Ausmaß die Kosten zu tragen hat. Sollte sich das Schiedsgericht für unzuständig erklären, so trägt die Kosten die klagende Partei.

Fällt ein Schiedsrichter ohne sein Verschulden aus, so gebührt ihm bzw. seinen Erben ein seiner bisherigen Tätigkeit entsprechender, angemessener Anteil des für ihn vorgesehenen Honorars. Über die Angemessenheit des Honoraranteils geben die verbleibenden Schiedsrichter Auskunft. Der Anteil kann erst nach Abschluss des Schiedsverfahrens festgelegt werden. Der anteilige Vergütungsanspruch ist daher nicht früher fällig als die Vergütungsansprüche der übrigen Schiedsrichter.

Kommt ein Schiedsspruch aus Gründen nicht zu Stande, die in der Sphäre des Schiedsgerichtes liegen, ohne dass den Schiedsrichtern ein Verschulden zu Last fiele, gilt Abs 8 sinngemäß.

Kostenvorschuss

§ **7.** (1) Das Schiedsgericht ist berechtigt, in jedem Verfahrenszeitpunkt zur Deckung der voraussichtlichen Vergütungsansprüche der Schiedsrichter Kostenvorschüsse einzufordern. Diese werden vom Vorsitzenden des Schiedsgerichtes nach Maßgabe des Streitwertes festgelegt, den Streitparteien je zur Hälfte auferlegt und sind von den Streitparteien unverzüglich auf das vom Vorsitzenden des Schiedsgerichtes bekannt gegebene, ausschließlich und eigens für das Schiedsverfahren eingerichtete Treuhandkonto einzuzahlen.

(2) Die Schiedsrichter machen ihre Amtstätigkeit vom Erlag der geforderten Vorschüsse – gleichgültig von welcher Streitpartei sie erlegt werden – abhängig.

(3) Sobald die Vergütungsansprüche fällig sind, ist der Vorsitzende gegen Vorlage von Honorarnoten befugt, die aushaftenden Beträge aus dem Kostenvorschuss zu begleichen.

Die bis zum Abschluss des Verfahrens anfallenden Zinsen stehen nach Abrechnung der Vergütungsansprüche der Schiedsrichter und nach Abzug der Bankgebühren den Streitparteien im Verhältnis der von ihnen erlegten Kostenvorschüsse zu.

Verfahrensgrundsätze

§ **8.** (1) Das Schiedsverfahren wird vom Schiedsgericht nach freiem Ermessen bestimmt (§ 587 Abs 1 ZPO)

(2) Alle Beschlüsse des Schiedsgerichts können mit Stimmenmehrheit der Schiedsrichter gefälltwerden.

Verweigerung der Streiteinlassung

§ **9.** Wenn sich eine Streitpartei in die Verhandlung vor dem Schiedsgericht nicht einlässt, ist mit der anderen Partei allein zu verhandeln (§ 587 Abs 2 ZPO).

Vertretung der Streitparteien

§ **10.** Die Streitparteien werden vor dem Schiedsgericht durch Rechtsanwälte vertreten. Die Beiziehung von je drei weiteren sachkundigen Personen ist möglich.

Schriftsätze

§ **11.** Die Vorschriften der §§ 74 ff ZPO über die Schriftsätze gelten sinngemäß.

Klageschrift und Klagebeantwortung

§ **12.** (1) Der Vorsitzende des Schiedsgerichtes trägt der Schiedsklägerin die Vorlage der Schiedsklage binnen 6 Wochen auf, sobald der Schiedsrichtervertrag in Kraft getreten ist und die vom Vorsitzenden aufgetragenen Kostenvorschüsse (§ 7) geleistet sind. Die Schiedsklage nebst den erforderlichen Beweisunterlagen ist in fünffacher Ausfertigung vorzulegen.

(2) Der Vorsitzende hat nach Einlangen der Schiedsklage die Schiedsbeklagte umgehend zur Klagebeantwortung aufzufordern. Die Klagebeantwortung nebst den erforderlichen Beweisunterlagen ist dem Schiedsgericht innerhalb von 8 Wochen nach dieser Aufforderung in fünffacher Ausfertigung vorzulegen.

(3) Verzögerungsgründe sind dem Vorsitzenden des Schiedsgerichtes rechtzeitig mitzuteilen. Sollte es zu erheblichen Verzögerungen kommen, ist das Schiedsgericht berechtigt, der säumigen

Streitpartei eine abschließende Nachfrist zu setzen. Wird diese Frist nicht eingehalten, kommt § 9 zur Anwendung.

Vorbereitende Schriftsätze

§ 13. (1) Es steht den Parteien frei, je einen weiteren vorbereitenden Schriftsatz nebst den erforderlichen Beweisunterlagen dem Schiedsgericht in fünffacher Ausfertigung vorzulegen.

(2) Darüber hinaus kann das Schiedsgericht unter Setzung einer angemessenen Frist weitere Schriftsätze anfordern.

(3) Spontan dem Schiedsgericht zugesandte vorbereitende Schriftsätze können ohne weiteres vom Vorsitzenden des Schiedsgerichtes zurückgewiesen werden.

Zustellung von Schriftsätzen

§ 14. (1) Schriftsätze der Streitparteien sind dem Schiedsgericht eingeschrieben zu Handen des Vorsitzenden des Schiedsgerichtes zuzusenden.

(2) Das Schiedsgericht sendet den Streitparteien die für sie bestimmten Schriftsätze und sonstige Mittelungen eingeschrieben zu Handen des Rechtsvertreters der Streitpartei zu.

Mündliche Verhandlung

§ 15. (1) Lädt das Schiedsgericht die Streitparteien zu einer mündlichen Verhandlung, so obliegt es den Streitparteien selbst, die zum Nachweis der Richtigkeit ihrer Standpunkte erforderlichen Zeugen, Auskunftspersonen und Sachverständigen namhaft zu machen und zur Verhandlung mitzubringen.

(2) Das Schiedsgericht wird sich bemühen, die jeweiligen Verhandlungstermine mit den Streitparteien einvernehmlich festzulegen, behält sich dessen ungeachtet aber das Recht einseitiger Terminfestlegung vor.

(3) Über den Verlauf der mündlichen Verhandlungen wird ein die wesentlichen Vorbringen zusammenfassendes Resümeeprotokoll verfasst. Jede Streitpartei erhält eine vom Vorsitzenden des Schiedsgerichtes unterfertige Ausfertigung.

Den Streitparteien steht es zu, Protokollberichtigungen zu begehren. Wird kein Einvernehmen zwischen dem Schiedsgericht und den Streitparteien über die Berechtigung einer begehrten Protokollberichtigung erzielt, so wird das Protokoll nebst der Begründung für die Ablehnung der Berichtigung festgehalten.

Fortsetzung des Verfahrens

§ 16. Die Parteien haben das Verfahren gehörig fortzusetzen. Unterbrechungen des Verfahrens sind nur mit Zustimmung des Schiedsgerichtes gestattet.

Schiedsspruch

§ 17. (1) Sofern das Verfahren nicht ruhend gestellt oder abgebrochen wird bzw. durch Vergleich endet, fällt das Schiedsgericht am Ende des Verfahrens den Schiedsspruch.

(2) Die Parteien können verlangen, dass über den Inhalt eines von ihnen geschlossenen Vergleichs ein Schiedsspruch erlassen wird.

(3) Der Schiedsspruch ergeht schriftlich und ist zu begründen.

Der Schiedsspruch wird sechsfach ausgefertigt.

Die Urschrift des Schiedsspruchs sowie die weiteren Ausfertigungen werden mit der Angabe des Tages der Abfassung des Schiedsspruches versehen und von den Schiedsrichtern unterschrieben. Die Unterschrift von nur zwei Schiedsrichtern genügt, wenn im Schiedsspruch vermerkt wird, dass der fehlende Schiedsrichter die Unterschrift verweigert hat oder am Unterscheiben unangemessen lange verhindert ist.

Die Urschrift des Schiedsspruches ist für den Schiedsakt bestimmt, der insgesamt als gemeinschaftliche Urkunde der Streitparteien gilt. Jede Streitpartei und jeder Schiedsrichter erhält eine Abschrift des Schiedsspruches.

Rechtswirkung des Schiedsspruches

§ **18.** (1) Dem Schiedsspruch kommt die Wirkung eines richterlichen Urteiles zu. Der Schiedsspruch kann vor einer höheren schiedsrichterlichen Instanz nicht angefochten werden.

(2) Verlangt eine Streitpartei, dass die Rechtskraft und die Vollstreckbarkeit des Schiedsspruches vom Schiedsgericht bestätigt wird, so hat der Vorsitzende des Schiedsgerichtes und im Falle seiner Verhinderung einer der nominierten Schiedsrichter auf jener Ausfertigung des Schiedsspruches, welche für die verlangende Streitpartei bestimmt ist, die Rechtskraft und die Vollstreckbarkeit des Schiedsspruches zu bestätigen.

Zustellung des Schiedsspruches

§ **19.** Die Ausfertigung des Schiedsspruches ist den Streitparteien mittels Rückscheines zuzustellen.

Verwahrung des Schiedsaktes

§ **20.** Der gemeinschaftliche Schiedsakt nebst der Urschrift des Schiedsspruches und den Beurkundungen über die an die Parteien erfolgte Zustellung der Ausfertigungen ist vom Vorsitzenden zu verwahren, sofern sich die Streitparteien nicht darauf einigen, einen Notar ihrer Wahl mit der Verwahrung des Schiedsaktes zu betrauen.

Schiedsvergleich

§ **21.** (1) Sofern das Schiedsgericht auf Grund der Umstände das Falles einen Vergleich der Streitparteien für zweckmäßiger erachtet als eine Streitentscheidung, wird das Schiedsgericht der Streitparteien rechtzeitig davon in Kenntnis setzen und einen entsprechenden Vergleichsvorschlag unterbreiten.

(2) Sofern die Streitparteien nicht auf einer Streitentscheidung bestehen oder einen Vergleich außerhalb des Schiedsverfahrens schließen wollen, gelten für einen Schiedsvergleich die Regelungen über den Schiedsspruch mit Ausnahme der Begründungspflicht sinngemäß.

Zeitpunkt des Abschlusses des Schiedsrichtervertrages und Verständigung

§ **22.** (1) Der Schiedsrichtervertrag tritt in Kraft, sobald alle Vertragsparteien die vorliegende Vertragsurkunde unterzeichnet haben.

(2) Die Vertragsurkunde ist vom Vorsitzenden des Schiedsgerichtes zuletzt zu unterschreiben.

(3) Daraufhin werden alle Vertragsparteien vom Vorsitzenden des Schiedsgerichtes vom Inkrafttreten des Schiedsrichtervertrages verständigt. Zugleich werden die Streitpartien aufgefordert, Kostenvorschüsse zu leisten.

Unterschriften

E. Mediationsvertrag

Vereinbarung über Durchführung der Mediation

Name 1) ....
vertreten durch: ....

Name 2) ....
vertreten durch: ....

vereinbaren hiermit verbindlich, dass der Mediator XY folgenden Konflikt zu den nachstehend aufgeführten Bedingungen annimmt:

....

1. Durchführung der Mediation

Die Mediation wird gemäß dieser Vereinbarung und den gegenwärtig geltenden Mediation-Geschäftsbedingungen von XY durchgeführt. Die Mediation-Geschäftsbedingungen sind dieser Vereinbarung beigelegt.

2. Mediator

Die Parteien stimmen darin überein, dass XY der Mediator des Konflikts sein wird. Gleichzeitig erkennen die Parteien hiermit an, dass der Mediator mit Abschluss dieser Vereinbarung ein von ihnen unabhängiger Vertragspartner ist.

3. Mediation-Kosten

Die Kosten der Mediation werden auf der Basis von € ... pro Stunde berechnet; dieser Betrag versteht sich exklusive USt, die Berechnung erfolgt pro angefangener Viertelstunde.

Die Parteien vereinbaren hiermit, dass die Kosten für die Mediation vor Durchführung der Mediation-Sitzung im Voraus je zur Hälfte entrichtet werden.

Gleichzeitig erkennen beide Parteien hiermit verbindlich an, dass sie für die gesamten Kosten, die durch die Mediation entstehen, solidarisch haften.

4. Konsultation mit dem Rechtsanwalt der Parteien

Jede Partei, die nicht durch einen Rechtsvertreter in der Mediaton-Sitzung repräsentiert ist, wird angehalten, vor, während oder nach der Medaition-Sitzung oder vor Abschluss einer Vereinbarung infolge der Mediation ihren Rechtsanwalt nach Belieben zu konsultieren.

Die Parteien erkennen hiermit verbindlich an, dass der Mediator keine rechtliche Beratung durchführt und weder eine Analyse noch einen Schutz irgendwelcher Ansprüche oder sonstiger Rechtspositionen der Parteien in irgendwelcher Art vornimmt.

5. Einzeltreffen

Der Mediator kann kurze Einzeltreffen abhalten, ohne dass dies eine Bevorzugung der anderen Partei darstellt. Diese Einzeltreffen sind dazu bestimmt, das Verständnis des Mediators der Position der jeweiligen Partei zu verbessern. Alle von dem Mediator durch derartige Einzeltreffen gewonnenen Informationen und Erkenntnisse jeder Art sind streng vertraulich, sofern die Parteien nicht darin übereinstimmen, dass diese Informationen in der gemeinsamen Sitzung mit beiden Parteien offen gelegt werden können.

6. Vertraulichkeit

Die Parteien vereinbaren hiermit verbindlich, dass die Mediationssitzung(en) vertraulich sind. Diese Vergleichsverhandlungen dürfen in einem nachfolgenden Rechtsstreit dieses Konflikts, vor welchem Gericht auch immer, nicht zur Sprache kommen.

Die Parteien vereinbaren hiermit verbindlich, dass sie den Mediator nicht als Zeugen benennen, noch dazu veranlassen werden, auszusagen und/oder Dokumente, Notizen oder andere Informationen irgendeiner Art offen zu legen. Alle Dokumente, Erklärungen und Informationen sowie sonstiges Material, das vor oder während der Mediationssitzung schriftlich oder mündlich gegeben oder erteilt worden ist, wird von beiden Parteien lediglich für die Zwecke der Mediation benutzt und vertraulich behandelt. Bei Beendigung der Mediation wird das gesamte Material entweder der Partei umgehend zurückgegeben oder wird vollständig vernichtet.

Unterschriften

Partei 1
Partei 2
Mediator XY
Beilage: AGB

F. Generalvollmacht

mit welcher wir Herrn Mag. Michael Poduschka, Rechtsanwalt in Perg Prozessvollmacht erteilen und ermächtigen, uns und unsere Erben in allen Angelegenheiten, einschließlich der Strafrechts- und Abgabenangelegenheiten, sowohl vor Gerichts- und Verwaltungsbehörden als auch außerbehördlich zu vertreten, Prozesse anhängig zu machen, Zustelllungen aller Art, insbesondere auch von Klagen, Urteilen und Grundbuchsbeschlüssen entgegenzunehmen, Dritte zur Nebenintervention aufzufordern oder Nebenintervention zu leisten, Rechtsmittel und Rechtsbehelfe aller Art zu ergreifen und zurückzuziehen, Exekutionen und einstweilige Verfügungen zu erwirken und davon abzustehen, Einverleibungs- und Löschungserklärungen abzugeben, Vergleiche jeder Art, insbesondere auch solche nach § 205 ZPO abzuschließen, Geld und Geldeswert zu beheben, in Empfang zu nehmen und darüber rechtsgültig und löschungsfähig zu quittieren, bewegliche und unbewegliche Sachen und Rechte zu veräußern, entgeltlich oder unentgeltlich zu erwerben und zu übernehmen, Kredit- und Darlehensverträge zu schließen, Erbschaften bedingt und unbedingt anzunehmen, Erbschaften auszuschlagen, eidesstättige Vermögensbekenntnisse abzugeben, Gesellschaftsverträge zu errichten, sich auf schiedsrichterliche Entscheidungen zu einigen und Schiedsrichter zu wählen, einen Stellvertreter mit gleicher oder minder ausgedehnter Vollmacht zu bestellen und überhaupt alles vorzukehren, was er in unseren Rechtsangelegenheit für uns nützlich und notwendig erachten wird.

Zugleich verpflichten wir uns, sein Honorar und seine Auslagen in Perg zu ungeteilten Hand zu berichtigen und erklären uns einverstanden, dass ebenda auch der bezügliche Anspruch gerichtlich geltend gemacht werden könne.

Perg, am ....

XXI. Anhang 1
Mitgliedstaaten UN-Kaufrecht

Europa

- Albanien
- Armenien
- Belgien
- Bosnien-Herzegowina
- Bulgarien
- Dänemark, Vorbehalte gem. Art. 92 I (Nichtanwendung der Regeln zum Vertragsabschluss) und Art. 94 (keine Anwendung im Verhältnis zu Finnland, Norwegen, Schweden und Island), keine Anwendung für die Färöer und Grönland
- Deutschland, jedoch Ausschluss der Anwendung nach Art. 1 lit. b, wenn die Regeln des Internationalen Privatrechts zur Anwendung des Rechts eines Vertragsstaates führen, der einen Vorbehalt nach Art. 95 erklärt hat
- Estland, Vorbehalt gem. Art. 96 (Formerfordernisse)
- Finnland, Vorbehalte gem. Art. 92 I (Nichtanwendung der Regeln zum Vertragsabschluss) und Art. 94 (keine Anwendung im Verhältnis zu Dänemark, Island, Norwegen und Schweden)
- Frankreich
- Georgien
- Griechenland
- Island, Vorbehalt gem. Art. 94 (keine Anwendung im Verhältnis zu Dänemark, Finnland, Norwegen und Schweden)
- Israel

- Italien
- Kroatien
- Lettland, Vorbehalt gem. Art. 96 (Formerfordernisse)
- Litauen, Vorbehalt gem. Art. 96 (Formerfordernisse)
- Luxemburg
- Mazedonien
- Moldawien
- Montenegro
- Niederlande
- Norwegen, Vorbehalte gem. Art. 92 I (Nichtanwendung der Regeln zum Vertragsabschluss) und Art. 94 (keine Anwendung im Verhältnis zu Dänemark, Finnland, Island und Schweden)
- Österreich
- Polen
- Rumänien
- Russland, Vorbehalt gem. Art. 96 (Formerfordernisse)
- Schweden, Vorbehalte gem. Art. 92 I (Nichtanwendung der Regeln zum Vertragsabschluss) und Art. 94 (keine Anwendung im Verhältnis zu Dänemark, Finnland, Island und Norwegen)
- Schweiz, Liechtenstein ist kein Vertragsstaat
- Serbien
- Slowakei, Vorbehalt gem. Art. 95 (keine Anwendung von Art. 1 lit b)
- Slowenien
- Spanien
- Tschechische Republik, Vorbehalt gem. Art. 95 (keine Anwendung von Art. 1 lit b)
- Türkei
- Ukraine, Vorbehalt gem. Art. 96 (Formerfordernisse)
- Ungarn, Vorbehalt gem. Art. 96 (Formerfordernisse)
- Weißrussland, Vorbehalt gem. Art. 96 (Formerfordernisse)
- Zypern

Afrika

- Ägypten
- Burundi
- Gabun
- Guinea

- Lesotho
- Liberia
- Mauretanien
- Sambia
- Uganda

Nord-, Süd- und Mittelamerika

- Argentinien, Vorbehalt gem. Art. 96 (Formerfordernisse)
- Chile, Vorbehalt gem. Art. 96 (Formerfordernisse)
- Dominikanische Republik
- Ecuador
- El Salvador
- Honduras
- Kanada
- Kolumbien
- Kuba
- Mexiko
- Paraguay, Vorbehalt gem. Art 96 (Formerfordernisse)
- Peru
- St. Vincent und die Grenadinen, Vorbehalt gem. Art 95 (keine Anwendung von Art. 1 lit b)
- Uruguay
- USA, Vorbehalt gem. Art. 95 (keine Anwendung von Art. 1 lit b)

Arabien – Asien

- China, Vorbehalte gem. Art. 95 (keine Anwendung von Art. 1 lit. b) und Art. 96 (Formerfordernisse)
- Irak
- Japan
- Kirgisistan
- Libanon
- Mongolei
- Südkorea
- Singapur, Vorbehalt gem. Art. 95 (keine Anwendung von Art. 1 lit b)
- Syrien
- Usbekistan

Australien

- Australien, das Übereinkommen gilt nicht für die Weihnachtsinsel, die Kokosinseln und die Ashmore- und Cartier-Inseln
- Neuseeland, keine Anwendung für die Cook-Inseln, Nive und Tokelau

XXII. Anhang 2: Staaten des New Yorker Übereinkommens

Österreich 161/1988	Afghanistan III 165/2005
Ägypten 200/1961	Albanien III 210/2001
Algerien 347/1989	Antigua/Barbuda 154/1989. 347/1989
Argentinien 347/1989	Armenien III 47/1998
Aserbaidschan III 40/2000	Australien 463/1975
Bahrein 4/1988	Bangladesch 781/1992
Barbados 429/1993	Belgien 608/1975
Belize 38/1981	Benin 390/1974
Bolivien 483/1995	Bosnien-Herzegowina 162/1994
Botswana 109/1972	Brasilien III 145/2002
Brunei 603/1996	Bulgarien 42/1963
Burkina Faso 405/1987	Chile 608/1975
China/VR 405/1987, III 159/1997	Costa Rica 94/1988
Cote d'Ivoire 281/1991	Dänemark 212/1973, 99/1976
Deutschland III 172/1998	Deutschland/BRD 42/1963
Dominika 154/1989	Dominikanische R III 144/2002
Dschibuti 427/1983	Ecuador 42/1963, 463/1968
El Salvador III 89/1998	Estland 785/1993
Finnland 42/1963	Frankreich 200/1961, 151/1990
Georgien 805/1994	Ghana 463/1968
Griechenland 42/1963	Großbritannien III 145/2002
Guatemala 277/1984	Guinea 281/1991

Haiti 26/1984	Heiliger Stuhl 463/1975
Honduras III 209/2000	Indien 200/1961
Indonesien 216/1982	Iran III 3/2002
Irland 361/1981	Island III 53/2002
Israel 200/1961	Italien 188/1969
Jamaika III 165/2005	Japan 42/1963
Jordanien 52/1980	Jugoslawien 456/1982
Jugoslawien/BR III 126/2001	Kambodscha 200/1961
Kamerun 614/1988	Kanada 94/1988, 154/1989
Kasachstan 106/1996	Katar III 165/2005
Kenia 347/1989	Kirgisistan III 50/1997
Kolumbien 446/1979	Korea/R 212/1973
Kroatien 785/1993	Kuba 463/1975
Kuwait 356/1978	Laos III 147/1998
Lesotho 481/1989	Lettland 487/1992
Libanon III 172/1998	Litauen 417/1995
Luxemburg 513/1983	Madagaskar 42/1963
Malaysia 89/1986	Mali 378/1995
Malta III 163/2000	Marokko 200/1961
Mauretanien III 144/2002	Mauritius 521/1996
Mazedonien 673/1994	Mexiko 277/1971
Moldau III 5/1999	Monaco 601/1982
Mongolei 378/1995	Mosambik III 147/1998
Nepal III 89/1998	Neuseeland 228/1983
Nicaragua III 165/2005	Niederlande 266/1965
Niger 266/1965	Nigeria 166/1970
Norwegen 200/1961	Oman III 160/1999
Pakistan III 165/2005	Panama 460/1984
Paraguay III 21/1998	Peru 614/1988
Philippinen 357/1967	Polen 42/1963, 463/1968
Portugal 378/1995, III 40/2000	Rumänien 42/1963
Sambia III 104/2002	San Marino 303/1979
Saudi-Arabien 591/1994	Schweden 127/1972

Schweiz 266/1965, 600/1993	Senegal 378/1995
Simbabwe 378/1995	Singapur 651/1986
Slowakei 162/1994	Slowenien 781/1992, 290/1993
Spanien 351/1977	Sri Lanka 42/1963
St. Incent/Grenadinen III 192/2000	Südafrika 401/1976
Suriname 266/1965	Syrien 463/1968
Tansania 266/1965	Thailand 200/1961
Trinidad/Tobago 187/1966	Tschechien 162/1994
Tunesien 357/1967	Türkei 781/1992
UdSSR 200/1961	Uganda 487/1992, 781/1992
Ukraine 200/1961	Ungarn 42/1963
Uruguay 275/1983	Usbekistan 224/1996
USA 359/1970, 51/1971	Venezuela 417/1995
Vietnam 16/1996	Weißrussland 200/1961
Zentralafrikanische R 42/1963	Zypern 167/1981